**회사에서
평생
커리어를
만들어라**

현직 커리어 컨설턴트에게 배우는 직장 활용법

회사에서 평생 커리어를 만들어라

유재경 지음

나는 오늘도 출근이 즐겁다

저는 1997년부터 2014년까지 직장생활을 했습니다. 안식년인 2011년을 제외하고는 크고 작은 조직에서 17년간 직장인으로 살았습니다. 그동안 취업과 이직, 경력계발과 인간관계 등 어느 하나 쉬운 것이 없었습니다. 하지만 다행히도 대부분의 시간에, 저는 일을 즐기는 직장인이었습니다. 일요일 저녁이면 출근이 기다려졌습니다. 주말 동안 구상한 일을 얼른 해보고 싶어 월요일 아침엔 벌떡 일어나 회사로 뛰어갔습니다. 그러나 아침이 두려운 시간도 있었습니다. 기상 시간이 점점 늦어지고 아침에 일어나지 못해 하루 종일 누워 앓는 날도 있었습니다. 문제는 다양했습니다. 생각했던 만큼 성과가 나오지 않아 낙담하기도 했고 부하 직원과의 불화, 상사와의 갈등으로 조직 생활에 회의를 느끼기도 했습니다. 이직이나 경력 전환을 위해 도전했다가 번번이 좌절하면서 실의에 빠지기도 했고 조직에서 무력감을 느끼는 개미의 신세를 한탄하기도 했습니다. 수차례 이직을 하기도 했지만 내게 꼭 맞는 조직은 찾을 수 없었습니다. 무엇이 문제였을까요?

김어준은 정면돌파 인생매뉴얼 《건투를 빈다》에서 이렇게 말합니다. '많은 이들이 자신이 언제 행복한지 스스로도, 모르더라. 하여 자신에게 물어야 할 질문을 남한테 그렇게들 해댄다. 자신이 어떤 사람인지, 그런 자신을 움직이는 게 뭔지, 그 대가로 어디까지 지불할 각오가 되어 있는지, 그 본원적 질문은 건너뛰고 그저 남들이 어떻게 하는지만 끊임없이 묻는다. 오히려 자신이 자신에게 이방인인 게다. 안타깝더라.' 공감합니다. 구직 현장에서 만나는 많은 직장인들도 자신이 어떤 사람이고 무엇을 원하는지 모릅니다. 단지 유명하고 연봉을 많이 주는 회사에 취업해 높은 자리에 올라가면 성공한 것이고 행복하리라 생각합니다. 저 역시 그랬습니다. 성공의 사다리를 쉼 없이 오르고 있었지만 어느 순간 행복하지 않다는 것을 깨달았습니다.

저의 또 하나의 문제는 모든 것을 다 가지려 했다는 것입니다. 많은 직장인들이 변화가 필요한 시점에서 선택을 하지 못하고 괴로워하는 이유는 어느 것도 포기할 수 없다고 생각하기 때문입니다. 모든 것을 다 가질 순 없습니다. 우선순위에 따라 선택하는 것이 최선입니다.

시기에 따라 삶의 우선순위가 달라지기도 합니다. 이제 막 직장 생활을 시작한 사회초년생은 기본기를 다지고 일을 제대로 배울 수 있는 곳을 선택하는 것이 좋습니다. 아이를 키워야 하는 워킹맘이라면 승진이나 사회적 인정보다는 일과 삶의 조화가 가능한 곳에 있어야 지속가능한 삶을 이어갈 수 있습니다. 은퇴를 얼마 남겨 두지 않은 직장인이라면 은퇴 후를 준비할 수 있는 곳이 바람직합니다.

자신에게 중요한 가치에 따라 선호도가 달라지기도 합니다. 가족과의 시간이 중요한 사람이라면 업무 부담이 적은 곳이 좋습니다. 하지만 많은 월급을 기대하지는 말아야 합니다. 연봉이나 지위가 자존심과 직결된다면 과도한 업무량과 스트레스는 각오해야 합니다. 금전적 보상보다는 타인에게 봉사하고 사회에 기여하는 삶을 원한다면 그 일을 할 수 있는 곳으로 가면 됩니다.

행복한 직장생활을 하기 위해 제일 먼저 해야 할 일은 자신을 탐구하는 것입니다. 경력계발의 정석은 자신에게 중요한 가치가 무엇이며, 무엇을 잘할 수 있으며, 하고 싶은 것이 무엇인지 알고 자신에게 맞는 일과 조직을 선택하는 것입니다.

히가시노 게이고가 지은 《나미야 잡화점의 기적》이란 소설이 있습니다. 이 소설에는 사람들의 고민 편지에 정성껏 답장을 해주는 나미야 할아버지가 등장합니다. 엉터리 편지에까지 하나하나 진지한 답장을 해주는 아버지를 못마땅해하는 아들에게 나미야 할아버지는, 인간의 마음속에서 흘러나온 소리는 어떤 것이든 절대로 무시하면 안 된다고 말합니다. 그리고 이런 소회를 밝힙니다.

"내가 몇 년째 상담 글을 읽으면서 깨달은 게 있어. 대부분의 경우, 상담자는 이미 답을 알아. 다만 상담을 통해 그 답이 옳다는 것을 확인하고 싶은 거야."

저도 직장인들의 고민을 접하며 깨달은 바가 있습니다. 나미야 할아버지의 말대로 대부분의 직장인들도 자신의 문제에 대해서 나름의 분석과 해결책을 가지고 있습니다. 저에게 묻는 이유는 전문가의 검증이 필요했던 것이지요. 그들과 함께 고민하고 질문에 하나하나 답변하다 보니 비슷한 문제를 가진 직장인들이 많다는 것을 알게 되었습니다. 그래서 더 많은 사람들과 나누고자 책으로 엮게 되었습니다.

저는 이 책에서 직장인들이 나날이 마주하는 문제에 대해 구체적이고 현실적인 조언을 하려 노력했습니다. 아울러 직장생활을 하면서 얻은 제 경험과 생각도 담았습니다. 현실 이면에 자리한 일과 삶, 사람에 대한 근본적인 태도와 철학에 대해서도 답을 찾아보려 노력했습니다.

이 책에는 새로운 시작을 앞둔 사람들, 변화를 꿈꾸는 사람들, 사람이 힘겨운 사람들에게 해주고 싶은 이야기가 담겨 있습니다. 직장인이라면 절대 양보해서는 안 되는 것에 대해 이야기했습니다. 일의 완성도를 높이고 전문성을 쌓아 어디를 가서든 살아남을 수 있는 힘을 기르는 것 말입니다.

마지막으로 알아 두면 유용한 팁들도 정리했습니다. 면접 후 감사의 글을 쓰는 법, 퇴사할 때의 매너, 인터뷰 팁, 헤드헌터 활용법

등이 그것입니다.

　직장인들은 대부분의 시간을 회사에서 보냅니다. 따라서 회사에서 행복하시 못하면 인생이 불행해십니다. 저는 이 책을 읽은 직장인들이 직장생활을 하면서 겪는 다양한 문제를 해결하고 매일 즐겁게 출근하면 좋겠습니다. 그래서 많은 이들이 '나는 오늘도 출근이 즐겁다'고 외치길 바랍니다. 이 책을 매일 회사에서 행복하고 싶은 그대 손에 전해주고 싶습니다.

회사에서
평생
커리어를
만들어라

차례

5장
그대에게 필요한 기술들

회사에서
평생
커리어를
만들어라

1장

출발선에
선
그대에게

직장 생활이 생각했던 것과
너무 달라요

취업 후 직장생활이 생각했던 것과 달라 갈등 중인 신입사원입니다. 저는 기업의 인사팀 업무를 대행하는 작은 회사에 입사한 지 갓 두 달이 되었습니다. 그런데 뭔가 제대로 배우는 것 같지도 않고 제가 여기서 뭘 하는지 잘 모르겠어요. 다른 친구들을 보면 신입 사원 교육도 받는 것 같던데 저는 출근하자마자 업무를 하면서 배우고 있습니다. 회사의 주요 사업이 취업박람회나 채용 설명회 등을 대신 진행하는 건데요. 전화로 영업하기, 대학에 공문 보내기 같은 잡다한 일이 제 업무입니다. 특히 전화로 영업하는 일이 너무 힘들어요. 이런 자질구레한 일들이 저의 커리어를 쌓는 데 도움이 될까요? 전 HR 업무를 하고 싶어서 입사했는데 막상 일해 보니 이게 제가 원했던 것이 아닌 거 같아요. 어떡하죠?

흔들리는 두 달차 신입사원 선영

선영 씨, 그대의 고민을 듣다 보니 내 암울했던 첫 직장생활이 떠오르네요. 나는 1997년부터 직장생활을 시작했어요. 그때는 한국 경제 전반에 IMF 구제 금융의 먹구름이 드리워지기 시작한 때라 지금만큼이나 취업이 어려웠죠. 여대 문과 출신인 나도 예외는 아니었습니다. 고군분투하다가 결국 지인의 소개로 직원이 서른 명 정도 되는 모 벤처기업의 영업부 마케팅팀에 입사했어요. 사장부터 말단 사원까지 모두 공대 출신 엔지니어인 그곳에서 홀로 문과 출신인 나는 솔직히 암담했습니다. 말이 좋아 마케팅 업무지 온갖 잡일을 다 했어요. 아침에 출근하면 사장님 책상을 정리하고 손님이 오면 차를 준비했지요. 사장 비서가 채용되면서부터는 영업 지원 업무를 했어요. 외국에서 손님이 오면 서울 명소를 구경시키고 함께 한강 유람선을 탔죠. 중요한 바이어가 오면 공항 픽업 서비스도 했지요. 얼마나 운전을 하며 누비고 다녔던지 대만에서 온 모 회사 임원은 제게 '베스트 드라이버'라며 엄지손가락을 치켜세우기도 했답니다. 샘플 배달도 했어요. 비행기 타고 일본 공항에 내려 샘플만 전달해주고 온 적도 있다니까요! 사장님을 대신해 고객들에게 선물할 책도 고르고 편지도 대필했죠. 명절이면 각지로 선물 배달도 다녔어요. 이런 업무를 하다 보니 '내가 여기서 뭐하고 있는 건가' 하는 생각이 자주 들었어요. 특히 내 애마인 소형 자동차가 터져라 외국인 엔지니어들을 태우고 가다 차선 위반으로 경찰에게 딱지를 떼이는 순간에는 더욱!

그 회사에서 3년 반을 일하고 이직했어요. 당시 나는 첫 직장생활이 내 커리어에서 어떤 의미를 갖게 될지 알지 못했어요. 하지만 세월이 흐르고 나서 생각해보니 나는 그 회사에서 마케팅 커뮤니케이션 스페셜리스트의 기본기를 닦을 수 있었어요. 당시 많은 잡무들이 있었지만 광고, 홍보, 전시, 이벤트와 같은 업무에 집중하려고 노력했어요. 디자인 에이전시와 채용 광고를 기획해서 만들고, 회사와 제품을 소개하는 브로셔도 만들었지요. 해외 수출 소식을 알리기 위해 보도자료를 작성해 주요 언론사에 보내고 기자들의 문의에 대응했어요. (그때는 보도자료를 팩스로 보냈답니다. 반나절 동안 팩스 다이얼을 누르다 보면 어찌나 손가락이 뻐근하던지!) 국내외에서 열리는 전시회에 참가하기 위해 부스를 디자인하고 제품을 알리는 패널 액자도 제작했어요. 회사가 코스닥에 등록되면서부터는 IR^Investor Relations 업무도 하고 기업 이미지 통합 작업에도 관여했어요. 이런 업무를 기반으로 홍보회사를 거쳐 제약회사의 홍보팀으로 입사해 커뮤니케이션 전문가로 자리 잡을 수 있었던 것이죠.

HP의 전 CEO이자 〈포천〉 선정 '비즈니스계에서 가장 영향력 있는 여성' 중 한 명인 칼리 피오리나도 첫 직장생활은 남들과 비슷했습니다. 부동산 회사에서 손님을 접대하고 전화 연결하고 타자를 치는 안내원으로 첫 커리어를 시작했거든요. 이후 MBA를 졸업하고 AT&T, 루슨트 테크놀로지, HP를 거치며 화려한 성공을 일군 그녀는 직장생활에 대해 다음과 같이 조언합니다.

· 다음 업무에 대해 생각하지 마라.

· 지금 맡은 일에 최선을 다해 몰두하라.

· 모든 사람에게서 배울 수 있는 모든 것을 배우라.

· 각 업무에 한계가 아닌 가능성에 집중하라.

· 내게 기회를 줄 사람을 찾으라.

내가 선영 씨에게 해주고 싶은 말도 다르지 않아요. 나 역시 첫 직장에서 허드렛일을 하면서 한숨짓던 날이 많았어요. 하지만 모든 경험에는 의미와 가치가 있음을 나중에서야 깨달았습니다. 사장님 편지를 대필하는 건 정말 이루 말할 수 없을 정도로 짜증스러웠지만 그러면서 글쓰기 실력이 일취월장했어요. 이 능력은 후에 홍보회사와 제약회사 홍보팀에서 빛을 발했어요. (어쩌면 지금 작가가 된 밑거름일지도 모르겠네요.) 외국인 고객을 응대하면서는 비즈니스 매너와 그들의 업무 방식을 자연스럽게 익힐 수 있었어요. 그때 쌓은 능력은 후에 다국적 회사에서 일하면서 꽃을 피웠지요. 그러니 지금 주어진 일이 하찮게 느껴진다고 해도 최선을 다해볼 일이에요. 그래야 일의 본질을 파악하고 전문가로 성장할 수 있어요. 여러 가지 업무를 하는 것은 절대 나쁘지 않아요. 배움은 교실보다 현장에서 더 효율적이니 교육장에 갇혀 있는 친구들을 부러워할 필요가 없어요. 일하면서 익히는 것이야말로 현실에 기반을 둔 지식을 얻을 수 있는 절호의 기회입니다. 그러니 지금 현장에서 겪고 있는 일을 면밀히 관찰하고 정리해서 자신의 것으로 만드세요. 괴롭다는 전화 영업 또한 열심히 해볼 일이에요. 저도 일면식도 없는 기자에게 취재 아이템을 논의하기 위해 전화를 거는 일이 쉽지 않았어요. 하지만 그런 경험을 통해 나중에 제약 영업을 할 때 실력 발휘를 할 수 있었답니다. 놀랍게도 그사이에 나는 이미 처음 만나는 사람에게 용건을 설명하고 원하는 것을 얻어내는 방법을 완벽하게 알게 되었던 겁니다. 나는 선영 씨가 지금 회사에서 2~3년쯤 열심히 굴렀으면(?) 좋겠어요. 그리고 기업 인사팀으로 이직해 인사 업무의 전문성을 더하면 이론과 경험을 겸비한 인사 전문가로 성장할 수 있을 거라 믿어요.

그러니 선영 씨, 힘을 내세요. 하루하루를 반짝반짝 빛나게 일구세요. 그리하여 눈부신 전문가로 거듭나세요.

그만둔 회사,
재입사해도 될까요?

전에 다니던 회사에 재입사를 생각하고 있는 백수입니다. 저는 IT회사에서 2년 정도 영업사원으로 일하다 외국 유학을 다녀왔어요. 일에 싫증도 나고 공부를 더 하고 싶은 생각이 들어서였죠. 그래서 영국으로 건너가 최근 가장 '핫'하다는 '지속가능 성장'으로 석사 학위를 받았습니다. 이후 NGO 단체 등에서 통번역 일을 하면서 전공을 살릴 수 있는 자리를 찾았지만 여의치 않더군요. 한국에 들어온 지 1년이 훌쩍 지났는데 취직을 못하다 보니 마음이 조급해지는 거예요. 그러던 차에 전에 다니던 회사에서 재입사를 권유하는 연락이 왔어요. 전공을 살릴 수 있는 일이 아니라면 예전에 하던 일도 나쁘지 않겠다는 생각이 들더군요. 연봉도 매력적이고요. 영업직은 수당과 인센티브가 별도로 있으니 타 직군보다 보수가 좋잖아요? 그만둔 회사 재입사, 어떨까요?

망설이고 있는 줄리아

줄리아, 그만둔 회사에 대한 미련을 버리지 못하고 있군요. 싫다고 사표 쓰고 나온 회사에 다시 들어가려는 심리는 무얼까요?

한 취업 포털이 직장인 212명을 대상으로 '그만둔 회사에 재입사할 의향이 있는가?'라는 설문조사를 했더니 응답자의 47.2퍼센트가 '재입사 의향이 있다'고 답했다는군요. 그 이유로는 '함께 일했던 동료들이 좋아서 업무 진행이 잘 되었기 때문(38퍼센트)'이라는 답변이 가장 많았고 이어 '다른 회사들보다 업무가 쉬워서(29퍼센트)', '스펙과 경력에 맞는 회사가 없어서(19퍼센트)', '연봉을 맞출 회사가 없어서(11퍼센트)' 순이었어요.

그러고 보면 재입사를 원하는 심리에는 '편하고 쉬운 직장생활에 대한 로망'이 깔려 있는 것 같아요. 다니던 회사로 다시 입사한 김 차장도 비슷한 이야기를 하더군요. 청운의 꿈을 품고 팀장으로 승진해 입사한 새 직장은 첫날부터 삐걱댔대요. 멀쩡하게 생긴 사장은 부도덕한 행실로 신문지상에 이니셜이 오르락내리락하는 인물이었고 그 뒤치다꺼리를 하느라 본연의 업무에 집중할 수가 없었다네요. 결국 1년을 못 채우고 회사를 그만둔 그에게 전 직장 상사가 재입사를 권했어요. 한 가정의 가장이니 오래 놀 수는 없고 어차피 같은 일을 할 거라면 옛날 회사로 돌아가는 것도 나쁘지 않다는 생각이 들었대요.

사실 커리어 컨설턴트 입장에서는 그만둔 회사로 재입사하는 걸 권하지는 않아요. 그 이유를 말씀드릴게요. 앞에서 얘기한 설문조사로 다시 돌아가보죠. 설문 참여자의 52.8퍼센트는 '재입사를 하고 싶지 않다'고 답했어요. 그 이유를 물었더니 '비전이 없는 회사여서(48.2퍼센트)'라는 답변이 제일 많았어요. 이제 알겠지요? 비전이 없어서 떠났던 회사는 다시 돌아가도 비전이 없는 회사예요. 조직은 쉽게 변하지 않는답니다. 줄리아는 재입사를 하더라도 얼마 안 있어 자신이 그 회사를 떠나려 했던 이유와 다시 맞닥뜨릴 거예요. 더군다나 직무를 변경하거나 직급을 올려서 가는 것도 아니고 그 일, 그 자리로 간다면 그 시기는 더 빨리 옵니다. 회사를 그만둔 이유가 일에 싫증이 났기 때문이라고 했는데, 이건 일을 꽤 잘한다는 의미이기도 해요. 일에 익숙해졌으니 좀더 난이도가 높거나 규모가 큰 일을 하고 싶은데 그 욕구가 충족되지 않았으니 그만둔 거지요. 성장 욕구가 큰 사람들이 줄리아 처럼 느끼고 회사를 옮기거나 공부를 하러 떠나는 경우가 많거든요. 그런 사람에게 예전에 일하던 쉽고 편한 자리, 익숙한 자리가 마음에 찰까요? 사람의 마음이란 참 간사해요. '어디든 일자리만 있다면…….' 했던 마음이 '이 자리가 정말 내 자리일까?'라는 마음으로 바뀌거든요. 성장 욕구가 큰 사람은 일이 힘들어도 자신이 '크고' 있다는 느낌이 들면 잘 참고 견딥니다. 하지만 편하고 무료한 자리에 앉아 있다가는 금방 시들시들해져요.

그리고 조직이 재입사자를 어떻게 볼 것인가도 생각해봐야 해요. 조직은 결정적인 시기에는 직원의 능력보다 조직에 대한 충성심을 높게 삽니다. 재입사자는 그런 면에서 좋은 점수를 받기 힘들어요. 한 번 떠난 인재는 언제든 다시 떠날 수 있는 사람이라 여기거든요. 아, 물론 그 반대로 생각할 수도 있어요. '얼마나 회사를 사랑(?)하면 다시 돌아올까?'라고 생각할 수도 있지요. 그리고 '우리 회사는 퇴사한 직원이 다시 돌아올 정도로 좋은 회사다'라고 착각(!)할 수도 있어요. 이걸 자랑으로 내세우는 CEO들도 있습니다. 하지만 조직과 인재는 서로간의 이익을 위해 만나고 헤어지는 계약 관계라는 걸 절대 잊지 마세요. 좋을 때는 잘 지내지만 최악의 순간에는 서로에게 발톱을 드러내고 마니까요.

전에 다니던 회사가 줄리아를 부른다면 그 이유는 자명합니다. 적임자를 찾기가 힘드니, 같은 값이라면 검증된 인재를 영입하고 싶기 때문이지요. 그러니 자신이 그런 검증된 인재라는 점에는 자부심을 가져도 좋아요. 하지만 평가는 조직의 상황에 따라서 얼마든지 달라질 수 있음을 명심해야 합니다.

이 부사장이 딱 그랬어요. 그는 작은 조직을 키우는 성장 리더십을 가진 사람이었어요. 사장이 그를 불러들인 시점이 절묘했지요. 작은 두 회사가 합병했던 시점이었거든요. 조직을 성장시킬 수 있는 누군가가 절실히 필요했지요. 그는 차기 사장 자리를 약속받고 예전의 회사로 돌아갔어요. 그리고 자신의 특기를 잘 살렸습니다. 리더십을 십분 발휘했고 회사는 나날이 성장했어요. 하지만 약속은 지켜지지 않았습니다. 회사가 성장기를 지나 유지와 관리의 시기가 되자 그의 쓰임이 다한 것이지요. 결국 그는 약간의 위로금을 손에 쥐고 다른 자리를 알아봐야 했어요.

옛말에 새 사냥이 끝나면 좋은 활도 감추어지고, 토끼 사냥이 끝나면 사냥개를 삶아 먹는다고 했어요. 인재의 쓰임이 다하는 시점은 반드시 옵니다. 그러니 재입사를 했다면 자신의 쓰임이 언제 다할지 주의 깊게 살펴볼 일입니다. 그리고 줄리아는 편하고 익숙한 자리 역시 그 달콤함이 끝나는 날이 올 테니 자신의 성장과 발전을 위해 무엇이 최선인지 다시 한 번 생각하고 결정하길 바랍니다.

NGO에서 일하고 싶은데
어떻게 준비해야 할까요?

> NGO에서 일하고 싶은 취업준비생입니다. 목사인 아버지를 따라 어려서부터 다양한 봉사활동을 했고, 대학에 입학해서도 방학 때마다 오지로 선교활동도 다녔습니다. 대학 졸업 후에는 모 정부단체 소속으로 아프리카에서 재능 기부 활동도 했습니다. 학생들에게 컴퓨터 사용법을 가르쳤는데 정말 보람 있는 일이더군요. 누군가에게 도움이 될 수 있다니 기쁘기도 했습니다. 그러다 이런 봉사활동을 직업으로 삼고 싶다는 욕심이 생겼습니다. 그런데 어떤 준비를 해야 할지 막막합니다. 무엇부터 시작해야 할까요?
>
> **꿈꾸는 제니퍼**

제니퍼! 당신은 정말 아름다운 마음을 가졌네요. 친구들은 대기업에 취업하기 위해서 스펙 쌓기에 골몰하고 있는 이때에, 타인에게 봉사하는 삶을 살겠다는 그대의 순수한 마음이 제 심금을 울립니다.

제니퍼의 질문을 듣자니 겨울비 내리던 어느 오후가 떠오르네요. 그날 저는 이름만 대면 누구나 알 만한 글로벌 NGO의 인턴사원 채용 면접관으로 초빙되었어요. 최근 화두가 되고 있는 스펙파괴 채용의 일환으로 학력과 경력을 철저히 배제하고 논술과 인적성 검사, 그룹 토론과 영어 프레젠테이션, 심층 면접을 통해 인재를 선발하는 전형이었습니다. 합격자는 1년간 근무 후 평가를 통해 정식 채용되는데 그 경쟁률이 무려 100대 1. 어때요, 정말 엄청나지요?

저는 영어 프레젠테이션 면접관으로 지원자의 분석적 사고와 영어 구사력을 평가하는 일을 맡았어요. 지원자는 먼저 30분 동안 특정 주제에 대한 영어 자료를 읽고 과제를 해결해야 합니다. 발표도 30분에 걸쳐 진행되는데, 우선 과제에 대한 영어 PT 10분, 한국어 질의응답 10분, 영어 인터뷰 10분 순서였습니다. (어떤 과제가 주어졌는지 구체적으로 밝힐 수는 없지만 대부분 대학 졸업 예정자인 지원자들에게는 결코 쉽지 않은 내용이었어요.) 저는 오후 내내 쉴 틈 없이 30분 단위로 새로운 지원자를 평가해야 했는데 어느 순간 그들이 가지고 있는 공통점 몇 가지가 눈에 들어오더군요. 과연 그들이 놓치고 있는 부분이 무엇이었을까요?

우선 이들은 봉사활동과 직업의 차이를 구분하지 못하고 있었어요. 그저 막연히 사람들을 돕겠다는 선한 마음만 가지고 있는 것이었죠. 제니퍼는 봉사활동과 직업의 차이점이 무엇이라고 생각하세요? 설마 생각해보지 않은 것은 아니죠? 봉사활동은 참여만으로도 충분하지만 직업은 성과가 필요합니다. 아마도 인턴 사원들은 현업에 투입되자마자 자신이 얼마나 순진무구했는지 빛의 속도로 깨닫게 될 것입니다. 자원봉사자일 때는 참여만으로도 존재감과 성취감을 느낄 수 있을 거예요. 하지만 직원은 다릅니다. 자신이 맡은 업무에서 성과를 내지 못하면 의미를 찾기 어렵죠. 현실에 맞는 전략을 세워 효과적인 후원 프로그램을 개발하고, 후원자들을 확보해 목표한 후원금을 마련하고, 후원자들을 위한 행사를 성공적으로 치러야 성과로 인정받을 수 있는 것이지요. 어때요, 실감이 나나요?

또 하나는 자신이 일에 대해서 막연한 환상을 가지고 있는 것은 아닌지 점검해야 해요. 한 지원자는 입사 후 계획을 묻는 면접관에게 돈을 모아 세계 여행을 가고 싶다고 대답하더군요. 박봉인 NGO에서 일해 모은 돈으로 세계 여행을 가겠다니! 그런 계획이라면 높은 연봉으로 소문난 대기업이나 일하면서 여행도 할 수 있는 여행사에 취업하는 것이 더 낫지 않을까요? 또한 글로벌 NGO에서 일한다고 해서 항상 어마어마하게 멋진 일만 하게 될 거란 환상은 버려야 해요. '내가 이런 일까지 해야 해?' 하는 생각이 드는 날을 수없이 만나리라 장담합니다. 한정된 예산으로 운영되는 NGO에서는 1인 다역이 다반사니까요. 그러니 환상은 금물이라고 말해주고 싶어요. 가장 기초적인 일부터 하나하나 배워가며 일하겠다는 다짐이 본인의 마음속에 단단히 박혀 있는지 다시 한 번 점검하세요.

어느 봄날 참석했던 모 정부부처 산하 공공기관의 신입사원 채용을 위한 그룹 토론 현장에서도 비슷한 생각을 했어요. 대부분의 지원자들은 그 회사를 공무원 비슷한 대우를 해주는 유망 직장으로 생각하고 온 것 같았어요. 요즘 같은 고용 불안의 시대에 공공기관의 신입사원이라면 나쁘지 않을 거라 생각했겠지요. 그룹 토론은 지원자들의 성향을 효과적으로 파악할 수 있는 평가 방법입니다. 면접관들이 떡 버티고 있는데 지원자들이 실제 자신의 모습을 드러낼까 의구심이 들겠지만 참관하다 보면 각자의 성격이 그대로 보입니다. 지금도 잊히지 않는 아주 인상적인 후보자 이야기를 잠깐 할게요.

그녀는 옷차림부터 남달랐어요. 흰 셔츠에 검은 정장을 입은 지원자들 속에서 그녀는 개성 있고 자유로운 의상으로 모두의 눈길을 끌더군요. 토론이 시작되자 대부분의 지원자들은 말 한마디도 조심하면서 사려 깊고 상대방을 배려하는 인재로 보이려고 노력했어요. 하지만 그녀는 달랐죠. 그녀는 거침없이 말하고 스스럼없이 웃었습니다. 그녀가 내는 아이디어들은 정말 참신했어요. 여러 그룹의 토론을 들었지만 그녀의 것만큼 새롭고 혁신적인 것은 없었어요. 하지만 그녀는 그 자리에 어울릴 만한 사람이 아니었어요. 정부부처 산하의 공공기관에서 원하는 인재상은 내부 규율에 따라 맡은 업무를 성실하게 수행하는 사람이니까요.

그녀는 광고회사 같은 곳에서 자신의 개성과 끼를 마음껏 발산해야 하는 인재였어요. 그녀는 주위에서 안정적이라고 하니까 공공기관에 지원한 거였지요. 이 또한 환상입니다. "안정적인 직장 = 좋은 직장"이라는 환상 말이지요.

제니퍼, 곰곰이 생각해보세요. 봉사활동을 직업으로 삼을 수 있을지, 아니면 본업을 하면서 틈틈이 시간을 내어 봉사활동을 하는 것만으로도 만족할 수 있을지 말입니다. 실제로 신입사원들 중에는 현실과 이상 사이에서 마음고생만 하다가 이탈하고 마는 경우도 많아요. 그러니 자신이 하고 싶은 일의 실체와 본질에 대해서 조금 더 진지하게 생각해보아야 해요. 저는 제니퍼가 환상 속의 그대가 아니길 바라요. 자신이 어떤 사람인지 알고, 자신이 하고 싶은 일이 어떤 일인지 잘 파악하여 현실적인 눈높이로 무장하길 바랍니다.

서른 살에 진로를
고민하고 있는 제가 한심합니다

나이 서른인데 여전히 진로를 고민하고 있는 한심한 직장인입니다. 저는 이른바 남들이 알아주는, 업계 최고의 연봉을 자랑하는 회사에 다니고 있어요. 대리로 승진하면서 연봉도 더 올랐고 친구들은 저를 많이 부러워합니다. 문제는 이게 맞는 건지 잘 모르겠다는 겁니다. 일이 힘들고 너무 지겨워요. 이직을 해볼까, 사내에서 경력 전환을 해볼까, 그만두고 공부를 해볼까 생각해봤죠. 막연히 다른 일을 하고 싶다는 생각은 하는데 뭘 해야 할지 모르겠어요. 그냥 고민만 하고 있는 거죠. 벌써 나이가 서른인데 아직도 이런 고민을 하고 있는 제가 참 한심하네요. 어찌해야 할까요? **머리가 복잡한 박 대리**

박 대리님 같은 사람, 정말 많아요. 일단 혼자만의 고민이 아니라는 사실에 위로받길 바라요. 이런 사람들이 저 같은 커리어 컨설턴트를 찾아와서 선녀보살 수준의 신기(?)를 기대하죠. 이들이 하는 말은 하나같이 똑같아요. '내 마음 나도 몰라.' '내가 어찌해야 할지 모르겠으니 당신의 경험과 전문성을 기반으로 내 진로를 결정해줘.' 뭐 이런 이야기죠. 그렇지만 저는 목표가 있는 분들에게 그곳으로 향하는 길을 알려줄 순 있지만 목표를 정해줄 수는 없어요. 자기 길은 자기가 찾아야지요.

고전평론가 고미숙이 자신의 책에서 10대, 20대들의 공통적인 고백에 대해 이야기하더군요.

"내가 누군지 모르겠어."

"도대체 내가 뭘 원하는지 모르겠어."

"내가 어떻게 살아야 하는지 모르겠어."

이름 하여 '3대 무지의 법칙'인데요. 아주 이른 시기부터 거쳐야 했던 속도 경쟁 속에서 내면의 지혜와 힘을 쌓을 기회를 박탈당한 탓에 사람들이 자신에 대해서 너무 모른다는 말이죠. 박 대리님도 그러한 교육제도와 사회 분위기 속에서 방황하는 한 마리 어린양일 뿐입니다. 고미숙이 말한 무지의 법칙은 30대가 되면 사라질까요? 그렇지 않아요. 오히려 더 자신을 괴롭힙니다. 대부분의 20대 대학 졸업생들은 자신의 적성이나 재능에 맞는 직업을 찾기보다 묻지마 취업으로 첫 커리어를 시작합니다. 그렇게 고민이 해결되지 않은 채 일하느라 시간이 흐르고 보니 학창 시절에 했던 진로 고민은 30대에도 고스란히 이어지는 것이죠.

그렇다면, 남들이 알아주는 유명한 회사에서 괜찮은 월급을 받으며 일하고 있는데도 삶이 무료하고 불행한 서른 즈음의 직장인들에게 필요한 것은 무엇일까요? 저는 단호하게 '자신을 탐구하는 일'이라고 말해주고 싶어요.

자, 그렇다면 자아 탐구는 어떻게 해야 할까요? 우선 시중에 나와 있는 각종 성격 유형 검사로 자신을 알아가는 것도 좋은 방법이에요. 에니어그램, 다중지능검사, 스트렝스파인더 등은 공인된 검사로 자신의 성향과 강점을 효과적으로 찾는 데 도움을 줄 수 있어요. 이런 검사 중 일부는 인터넷 상에서도 쉽게 할 수 있지요. 여건이 된다면 전문가를 찾아가 제대로 된 검사를 받기를 권해요. 그러면 결과에 대해 제대로 된 해석과 신중한 상담이 가능하니까요. 검사를 받다 보면 공통적으로 나오는 결과나 일관된 메시지가 발견될 거예요. 그것은 진정한 자신을 찾아 가기 위한 실타래가 될 수 있으니 잘 잡으세요. 그 실타래를 잡고 주변에 믿을 만한 사람들에게 자신에 대한 평가를 부탁해서 그 내용과 검사 결과 사이의 차이점을 살펴보는 것도 큰 도움이 될 겁니다.

그 다음에 해야 할 일은 자신과의 파워 인터뷰입니다. 내가 누구이며, 무엇을 원하며, 어떤 삶을 살아야 할지 자신에게 솔직하게 묻고 답하는 것이지요. 하지만 이러한 질문에 대답하기는 쉽지 않습니다. 제대로 된 답변을 얻기 위해서는 인터뷰 방법이 정말 중요합니다. 가장 효과적인 파워 인터뷰 방법 중 하나는 '글쓰기'입니다. 글쓰기는 미처 깨닫지 못한 자신의 생각을 명확하게 드러나게 하는 마법 같은 힘을 가지고 있어요. 이미 많은 사람들이 그 신비한 힘을 경험했답니다. 박 대리님도 자신의 고민을 주제로 한 글을 써보세요. 그러다 보면 자신도 모르게 해답을 찾는 신비로운 체험을 하게 될 거예요.

그렇다면 글쓰기는 어떻게 해야 할까요? 진로에 관한 고민이 있다면 다음의 순서로 글을 써보길 권합니다.

우선 자신이 중요하게 생각하는 가치들을 생각해보세요. 3가지 정도로 자신의 인생에서 중요한 가치를 선별하고 그 이유에 대해서 기술한 후 순서를 매깁니다. 많은 돈을 벌고 높은 지위에 오르고 싶어 하는 사람이라면 사회적 성공이나 부, 명예 등이 상위에 자리를 잡을 거예요. 반대로 소박하고 행복한 삶을 원하는 사람이라면 가족의 행복, 건강, 사랑, 봉사 등이 중요한 가치로 선택하겠지요. 항상 무언가를 배우길 좋아하는 사람이라면 성장, 배움, 의미 등이 중요할 것이고요.

다음은 자신의 강점과 재능을 기술해봅니다. 이때는 자신의 어린 시절이나 학창 시절, 직장생활을 하면서 있었던 에피소드나 부모님이나 친구, 은사들의 칭찬을 곰곰이 떠올려보면 좋아요. 앞서 각종 검사에서 얻은 힌트를 기반으로 기억을 더듬어 자신이 어떤 일을 잘했고 즐겼는지 생각해보세요. 리더십이 있고 자기주장이 명확해 반장을 줄기차게 했는지, 친구들과 어울리기보다는 집에서 책을 보고 공상을 즐겼는지 말이에요. 기억의 조각들을 맞추다 보면 자신의 재능이 눈에 들어오고 그와 관련해 어떠한 성과까지 이룰 수 있는지 그림이 그려질 것입니다.

마지막으로 자신의 관심과 흥미를 기술해봅니다. 학창 시절 좋아하던 과목은 무엇이었는지, 무엇을 할 때 시간이 쏜살같이 지나가는지 생각해보세요. 혹시 특정 분야에 대해서 많은 지식을 가지고 있지는 않나요? IT기기를 좋아해 신제품 출시를 손꼽아 기다리는 얼리어답터도 있고 화장품을 손수 만들어 쓸 정도로 화장품에 대해서 지식이나 흥미를 가지고 있는 화장품 매니아도 있으니까요.

자, 이제 힌트들을 조합할 시간입니다. 경력계발 전문가인 리처드 볼스는 '경력(Career) = 직업(직종) + 분야(업종)'으로 정의합니다. 이때 직업은 강점과 재능을 바탕으로, 분야는 흥미와 관심을 바탕으로 선택하는 것이 효과적이라고 하네요. 예를 들면 새로운 사람을 만나길 좋아하는 얼리어답터라면 IT회사의 영업사원이 적성에 맞을 겁니다. 언어 재능이 뛰어난 화장품 매니아는 화장품 회사의 홍보팀에서 일하면 행복할 거예요. 그렇다면 회사는 어떻게 선택해야 할까요? 앞서 정의한 자신의 가치를 고려해야 합니다. 부와

명예가 중요하다고 생각하는 사람은 무명의 회사에서 박봉을 받으며 일하면 불행할 겁니다. 반면 가족의 행복과 건강을 중요하게 여기는 사람은 월급을 아무리 많이 받아도 매일 야근에 시달려야 한다면 다른 선택을 고려할 수밖에 없지요. 그러니 자신의 가치와 공존할 수 있는 조직을 찾는 것은 매우 중요합니다.

서른 살에 진로 고민 중인 박 대리님, 어쩌면 이는 신이 주신 기회일지 몰라요. 왜냐하면 이때가 다소 부담 없이 직종과 업종을 옮겨갈 수 있는 마지막 기회이기 때문이지요. 30대가 깊어갈수록 경력 전환은 점점 더 어려워집니다. 또한 5년 이상 쌓은 경력을 살리지 못하고 이직을 하는 것은 매우 비효율적이기도 해요. 그러니 이번 기회를 꽉 잡으세요. 더 이상 고민만 하지 말고 자아 탐구와 파워 인터뷰를 통해 자신만의 길을 꼭, 기필코, 반드시 찾길 바랍니다.

새로운 세계의 문을
열고 싶습니다

본업인 진료보다 다른 길을 찾아보고 싶은 30대 중반의 의사입니다. 전문의 자격을 취득한 후 요양병원에서 일했지만 좁은 진료실에 갇혀 하루 종일 환자들과 씨름하는 일이 저에게 맞지 않다는 것을 깨달았습니다. 의학전문기자로 일하거나 드라마 또는 영화에 의학 자문을 하는 건 어떨까 생각해봤습니다. 그러던 중 제약회사에서 일하는 의사들이 있다는 사실을 알게 되었습니다. 외국계 제약회사에 입사한다면 해외에서 일할 기회가 생길 수도 있을 것 같아 관심이 생겼습니다. 조언 부탁드립니다.

진료실을 뛰쳐나오고 싶은 모히칸

모히칸 선생님, 선생님의 용기에 박수를 보내고 싶습니다. 안정된 길을 벗어나 새로운 삶을 개척하는 일은 아무나 할 수 있는 일은 아니니까요. 그렇다면 제약회사에서 일하는 의사들에 대한 이야기부터 시작해볼까요?

오랫동안 제약회사의 키 플레이어는 약사였습니다. 이들은 약물에 대한 전문 지식을 기반으로 주요 부서인 마케팅, 학술, 연구 등의 분야에서 요직을 차지했지요. 약사가 아니면 제약회사에서 출세하기 어렵다는 말도 있을 정도였으니까요. 하지만 제약업계에 새로운 바람이 불고 있습니다. 진료에 전념하던 의사들의 제약회사 진출이 가속화되고 있는 것이지요. 사실 의사들의 제약회사 진출은 꽤 오래 전인 1995년에 시작되었습니다. 이후 20년 정도가 지난 2014년, 헬스케어 산업에 종사하는 의사들의 모임인 한국제약의학회의 회원 수는 150여명에 이르고 있으며 제약의사 출신의 CEO까지 배출되었습니다. 초반에는 제약회사에서 의사들이 주로 'Medical Advisor'라는 타이틀을 달고 신약 연구 개발과 임상시험, 약물 안전성 평가 등의 업무를 수행했지만 최근에는 영업이나 마케팅 등으로 영역을 확장하고 있는 추세입니다.

실제로 외국계 제약회사들도 의사 채용을 늘리고 있습니다. 제약산업을 둘러싼 환경이 점점 복잡해지고 의사를 대상으로 한 프로모션 활동에 제약이 늘면서 전문적인 의학 지식을 바탕으로 소통해야 하는 일이 증가하고 있기 때문입니다. 아울러 한국의 선진 의료 인프라와 우수한 보건의료 인력을 활용한 다국가 임상시험의 규모가 점점 커지면서 이들을 관장할 전문 인력의 수요가 늘고 있습니다. 일부 제약 의사들은 한국에서의 성과를 인정받아 싱가포르와 같은 아시아 퍼시픽 국가 또는 북미나 유럽에 위치한 본사에서 맹활약을 펼치기도 합니다. 이런 환경에서 모히칸 선생님처럼 다양한 관심사를 가지고 새로운 영역에 도전하려는 용감한(?) 의사들 또한 점점 많아지고 있습니다. 저는 이 글에서 제약회사 입사를 희망했던 3명의 의사에 대한 이야기를 풀어보려 합니다.

미팅룸에서 만난 닥터 김은 경쾌한 차림에 유쾌한 미소가 돋보이는 사람이었어요. 작년 말까지 2년간 외국에 머무르다 돌아왔다는 그녀는 더 나이 들기 전에 새로운 일에 도전해보고 싶다며 눈을 반짝였지요. 이야기를 나누다 보니 그녀는 제약회사에서 의사가 어떤 일을 하는지 전혀 모르고 있더군요. 그저 막연한 환상을 가지고 있을 뿐이었어요. 일반적으로 제약회사에서 의사들이 일하며 부딪히는 어려움들, 예를 들면 경력이 많은 약사들과의 갈등이나 고객(진료 의사)에서 직원(제약 의사)으로 모자를 바꾸어 쓰고 일하면서 느끼는 박탈감이나 자괴감에 대해서 설명하자 '할 수 있다'는 구호를 반복할 뿐이었어요. 닥터 김은 현재 상태로 제약회사에 입사하면 많은 부분에서 어려움을 겪을 것이 분명했지요.

카페에서 만난 닥터 리는 조금 달랐어요. 수술복을 그대로 입고 나온 그는 제약의사에 대한 현실적인 눈높이를 가진 사람이었습니다. 실제 모 제약회사에 지원해 인터뷰를 한 적도 있었다고 했지요. 전문의 자격증을 취득한 후 병원에서 진료하다 개업을 했다는 그에게 제약회사에 지원한 이유를 물었습니다. 그랬더니 '환자 보기가 싫어서'라는 답변이 돌아왔습니다. 그는 환자들과 이야기하면서 감정적인 소모를 많이 느낀다고 했습니다. 저는 그런 이유라면 제약회사에서의 업무가 힘들 수 있다고 조언했습니다. 조직 내에서 업무를 수행하기 위해서는 고객뿐 아니라 유관 부서와의 소통과 협업이 필수적이기 때문입니다. 저의 조언에 닥터 리는 다소 당황하는 듯 보였습니다. 결국 며칠 후 그는 다른 병원으로 이동하기로 결정했다며 지원을 철회하더군요.

그러다 늦은 밤 병원 근처에서 닥터 최를 만난 순간, 제 눈이 번쩍 뜨였어요. 오랫동안 제약회사에 관심을 가지고 있었다는 그녀는 다양한 경로로 이 일에 대해서 알아봤다고 했습니다. 그녀는 병원을 방문하는 제약회사의 영업 사원에게도 물어보고 제약회사에서 주최하는 심포지엄에 참석하면서 의사들이 제약회사에서 무슨 일을 하는지 큰 그림을 그릴 수 있었습니다. 의료제약 전문 매체에서 제약의사들의 인터뷰 기사도 읽어 보고 의사들의 커뮤니티 사이트에서 관련된 정보를 얻기도 했습니다. 입사할 경우 받게될 대우나 보수에 대해서도 업계의 지인을 통해 대략적으로 눈높이를 맞춘 상태였지요. 지원하는 회사의 제품을 다양하게 사용해 본 경험이 있는 그녀는 가장 유력한 지원자가 될 것이 분명해 보였습니다.

"깨달음을 찾으려는 자라면 마치 머리에 불붙은 사람이 연못을 찾는 것과 같은 간절함이 반드시 있어야만 한다."

인도의 힌두교 성자 스리 라마크리슈나의 말입니다. 간절함은 깨달음을 얻으려는 자에게만 필요한 것은 아닙니다. 새로운 세계의 문을 열려는 사람에게도 필요한 것이지요. 현장에서 만나는 구직자들 중에는 새로운 세계에 대한 막연한 환상을 가지고 있는 경우가 많습니다. 모히칸 선생님 역시 그런 마음으로 제약회사에 입사한다면 백전백패입니다. 실제로 약사들과의 기 싸움에 밀려 3개월도 못 버티고 진료실로 돌아간 사람도 있고 의사와 제약회사 직원의 정체성 사이에서 고민하다 업계를 떠난 사람도 있습니다. 그렇다면 간절함을 기반으로 어떻게 길을 찾아야 할까요? 효과적으로 관련 정보를 얻으려면 어떻게 해야 할까요?

어떤 일에 대해서 알아보는 방법은 크게 두 가지로 나눌 수 있습니다. 책을 통해 배우거나 사람을 통해 배우는 것이지요. 저는 간절함이 있다면 사람을 통해 배우라고 조언하고 싶습니다. 제약회사에서 일하고 싶다면 제약회사에서 일하는 사람을 만나보세요. 만나서 물어보세요. 어떤 일을 하는지, 어떤 어려움이 있는지, 어떤 것에서 보람을 느끼는지, 입사하려면 어떤 준비를 하면 좋은지. 운이 좋으면 그 사람이 새로운 세계의 문을 여는 안내자 역할을 하기도 합니다. 실제로 업계에서 일하는 다수의 의사들은 선배나 지인의 추천이나 소개로 입사한 경우가 많습니다.

하지만 사람을 통해 배우는 방법에는 주의할 점이 있습니다. 개인의 취향이나 상황에 따라 다른 이야기가 나올 수 있기 때문입니다. 이 점을 보완하기 위해서는 해당 직업에 종사하는 사람들의 커뮤니티를 통해 배우는 방법을 고려해볼 수 있습니다. 제약의사에 관심이 있다면 앞에서 언급한 한국제약의학회에서 주최하는 세미나나 교육 프로그램에 참석해보세요. 제약의사에게 필요한 다양한 정보를 얻을 수 있을 겁니다. 이런 활동들을 통해 새로운 세계의 문을 열어줄 수 있는 마법의 인도자를 만날 수도 있으니 기대해볼 수 있겠죠.

마지막으로 할 일은 문이 열릴 때까지 두드리는 일입니다. 새로운 세계로 통하는 문은 쉽게 열리지 않아요. 준비하고 노력하고 간절함을 담아 끈질기게 두드려야 열립니다. 그러니 중간에 실패했다고 좌절할 필요는 없습니다. 자신이 원하는 포지션에 지원해 인터뷰 과정을 밟다 보면 분명 배우는 것이 있을 것입니다. 그러니 탈락했다 해도 실패가 아니라 배움의 과정이지요. 모히칸 선생님의 간절함이 새로운 세계의 문을 활짝 열길 기도합니다. 머리에 불붙은 사람이 연못을 찾듯 찾는다면 분명 얻을 것이니, 그날까지 기운을 내시길 바랍니다!

참, 선생님! 영어 인터뷰는 가능하신 거죠? 외국계 제약회사에는 외국인 임원이 많아서 영어 인터뷰가 필수랍니다. 새로운 문을 열기 위해서는 새로운 세계의 언어를 습득하는 일이 꼭 필요합니다. 영어 공부 열심히 하세요.

희망퇴직을 했는데
재취업이 어렵습니다

재취업을 알아보고 있는데 잘 안 되어 속상한 구직자입니다. 몇 개월 전 희망퇴직을 했습니다. 옮겨갈 곳도 정해 놓지 않고 회사를 그만두어도 될까 싶었지만 보상 조건도 괜찮고 쉬고 싶은 마음도 들어 과감히 퇴사를 결정했습니다. 받은 위로금으로 대출금도 상환하고 가족들과 길게 해외여행을 다녀올 때만 해도 제 선택에 후회는 없었습니다. 하지만 구직 활동을 시작하고 보니 경기는 여전히 꽁꽁 얼어붙어 있고 적당한 자리를 찾기가 힘듭니다. 집에 있자니 갑갑하기도 하고 아내 눈치도 보이고 해서 적극적으로 찾아보고 있지만 성과가 없습니다. 최근에 면접을 몇 번 보았는데 번번이 낙방이네요. 꽤 괜찮은 회사에서 경력계발을 잘했다고 생각했는데 무엇이 문제일까요? **연이은 탈락으로 소심해진 이 차장**

이 차장님, 먼저 심심한 위로의 말씀을 전합니다. 장기 불황 시대이다 보니 산업군을 가리지 않고 구조조정 붐이 불고 있습니다.

그러다 보니 차장님과 같은 희망퇴직 구직자들이 정말 많습니다. 제가 서치펌에서 일할 때, 포지션에 상관없이 저희 팀 전원에게 이력서를 날리는(?) 분도 있었답니다. 저는 되도록이면 이력서를 보내오는 구직자들에게 일일이 답변을 하는 편이었습니다. 적합한 자리가 있으면 꼭 연락을 주겠다고 안심시키면서요. 구직자의 불안한 마음을 누구보다 잘 알기 때문이지요. 하지만 곧 포기하게 되었습니다. 그렇게 일일이 답변을 하다 보니 정작 해야 할 일을 놓치게 되더군요. 새로이 직업을 찾고자 하는 이들이 얼마나 많은지 감이 오나요? 이 차장님과 같은 분에게 꼭 해주고 싶은 말이 있습니다. 그래서 준비했어요. '희망퇴직자 재취업 5계명!'

1계명 │ 직장을 떠나는 순간 당신의 브랜드 가치는 폭락한다

업계 최고의 회사에서 희망퇴직한 김 부장이 연락을 했어요. 자신은 좋은 회사에서 차근차근 경력을 쌓았으니 이제 최소 임원 이상으로 가야겠다고 하더군요. '택도 없는 소리 하고 있네'라는 말이 목구멍 아래까지 올라왔지만 초인적인(!) 힘으로 참았어요. 희망퇴직한 구직자들 중에서 김 부장처럼 자신의 브랜드를 과대평가하는 사람들이 종종 있습니다. 《회사가 붙잡는 사람들의 1퍼센트 비밀》의 저자 신현만은 다수의 직장인들이 직장을 떠나는 순간, 자신의 브랜드 가치가 폭락한다는 사실을 모른다고 지적합니다. 개인의 브랜드 가치는 대부분 속한 조직, 즉 회사 브랜드에 기댔다는 점을 인지하지 못한다는 것이죠. 그렇습니다. 김 부장은 현직이 아닌 전직, 그것도 희망퇴직자라는 사실을 인정해야 합니다. 임원으로 가고 싶었다면 현직에 있을 때 지원했어야죠. 전 직장의 브랜드를 내세우지 마세요. 직위와 연봉 면에서 현실적인 눈높이로 구직 활동에 임해야 좋은 결과를 얻을 수 있습니다.

2계명 | 재취업의 지름길은 지인의 소개다

윤 본부장은 항상 최고의 실적을 올렸고 조직의 전폭적인 신뢰를 받았습니다. 본사에서 주는 상도 여러 번 받았고 업무 평가에서도 언제나 최상급 점수를 받곤 했지요. 그렇게 잘나가던 그가 희망퇴직을 했다니 믿기 어려웠어요. 그가 정성껏 쓴 이력서를 가지고 저를 찾아왔습니다. 한 달 정도 휴식 기간을 가졌고 이제 본격적인 구직 활동을 할 생각이라 하더군요. 이미 업계에 있는 지인들도 여럿 만나 구직 의사를 밝혔고, 규모 있는 서치펌 두세 곳에도 이력서를 넣어두었다고 해요. 윤 본부장은 재취업을 원하는 희망퇴직자의 모범적인 구직 사례라고 할 수 있습니다. 냉정한 이야기지만 보통 희망퇴직자들은 뭔가 문제(?)가 있어 떠밀려 나왔을 거라는 편견으로부터 자유롭기 어려워요. 기업에서 어떤 형식으로 조직 축소가 이뤄지는지를 사람들이 알고 있기 때문이지요. 희망퇴직자 재취업의 지름길은 지인의 소개입니다. 채용 담당자는 내부 직원이 추천한 인재에 관심을 갖습니다. 또한 믿을 만한 헤드헌터 몇몇과 관계를 만들어놓는 것도 좋아요. 헤드헌터는 업계 동향을 잘 알고 있고 다양한 회사와 포지션의 채용을 진행하므로 효과적인 재취업 컨설팅이 가능합니다. 희망퇴직자의 재취업은 장기전이 될 가능성이 높아요. 그러니 자신을 적극적으로 알리고 주변 네트워크를 적극적으로 활용해야 합니다.

3계명 | 경력 전환보다 경력 연결이 먼저다

영업 4년차인 신 주임은 마케팅 부서로의 이동을 열망했어요. 내부 이동의 기회도 몇 번 있었는데 직속 상사가 발목을 잡고 놓아주지 않았어요. 번번이 경력 전환이 불발되자 그는 희망퇴직을 결심했습니다. 이렇게 있느니 차라리 위로금을 받고 나와서 다른 회사 마케팅 부서로 취업하는 게 낫다고 생각했지요. 하지만 취업 현장에서 느끼는 체감온도는 생각보다 더 낮았어요. 마케팅 포지션에 열심히 지원했지만 관련 경력이 없는 신 주임은 연거푸 탈락의 쓴잔을 마셨고 실직 기간이 길어지면서 그의 조바심은 더욱 커졌죠. 이제 신 주임은 영업직에도 지원하고 있어요. 입사 후 능력을 인정받고 조직 내에서 이동하는 쪽으로 전략을 수정한 겁니다. 희망퇴직자 중에는 경력 전환의 욕심을 내려놓지 못하는 구직자들이 있어요. 현실적으로 말하면 이들의 소망은 이루어지기 어렵습니다. 같은 직무로도 재취업이 쉽지 않으니까요. 그러니 경력 전환은 더욱 힘들겠죠. 경력 공백은 되도록 1년을 넘기지 않는 것이 좋습니다. 그러니 일단 경력 전환보다 경력 연결을 도모하세요. 그것이 먼저입니다.

4계명 │ 자신에게 투자하라

최근 희망퇴직의 새로운 경향이 있습니다. 회사의 기대와는 달리 젊은 직원들이 대거 희망퇴직서를 제출하는 기현상이 늘어난 것이죠. 이들은 희망퇴직 후 받는 약간의 선물(?)을 들고 유학을 떠나거나 자격증을 준비하는 등, 자신에게 재투자를 합니다. 희망퇴직을 했던 박 대리는 약사 자격증과 제약회사 근무 경력을 기반으로 로스쿨에 진학했어요. 의료분쟁 전문변호사의 꿈을 이루기 위해서죠. 직급이 대리 이하인 희망퇴직자라면 조급한 마음에 재취업을 서두르지 말라고 조언하고 싶어요. 업무 경험을 살려 전문성을 강화할 수 있는 공부를 하거나 새로운 진로를 모색하는 것도 좋은 전략입니다. 평생 커리어를 생각한다면 아직 갈 길이 많이 남아 있으니까요. 젊은 구직자는 고령 구직자에 비해 재취업의 문이 넓습니다. 그러니 모처럼 받은 금전적, 시간적 여유를 자신을 성장시키는 데 재투자하라고 당부하고 싶네요.

5계명 │ 홀로서기를 준비할 수 있는 직장을 찾아라

40대 이상 희망퇴직자들의 연락이 오면 가슴이 답답해집니다. 요즘은 다수의 조직에서 젊은 임원들이 많아지고 있는 추세라 고령 희망퇴직자들이 새롭게 발을 들여 놓을 수 있는 직장이 점점 줄고 있습니다. 희망퇴직자 40대 중반의 김 팀장이 그랬지요. 그는 연봉을 대폭 낮춰서라도 자신을 받아주는 곳이라면 어느 곳이든 갈 용의가 있다고 말하더군요. 자신은 따뜻한 온실 속에서 살던 화초라서 들꽃이 되기에는 너무 연약한 존재이기 때문이라나요. 40대 이상의 희망퇴직자라면 조직에 머무를 수 있는 시간이 그다지 길지 않음을 알아야 합니다. 요즘은 아무리 스펙이 좋고, 탄탄한 회사에서 경력을 쌓았어도 40대 중반이면 조직 진입이 쉽지 않고, 50대면 진입 자체가 거의 불가능한 추세입니다. 그러니 고령 희망퇴직자일수록 언 발에 오줌 누기 식의 취업은 바람직하지 않습니다. 그보다 또 다시 조직을 나와 들꽃이 되어서도 버틸 수 있는 기반을 만들 수 있는 곳으로 재취업하기를 권합니다. 보상이 크지 않더라도 홀로서기를 준비할 수 있는 곳이라면 진지하게 고려해보라고 조언하고 싶습니다.

이 차장님, 재취업이 결코 쉽지는 않을 겁니다. 하지만 현실을 분명하고 정확하게 인식하고 인정한다면 그리 낙담할 일은 아닙니다. 이제 당신은 재계약이 이루어지지 않은 자유계약 선수입니다. 시장의 논리에 따라 냉혹한 평가를 받게 될 테지요. 그러나 반대로 생각하면 새로운 직장을 선택할 수 있는 무한한 자유를 얻은 것입니다. 그러니 간절히 구하고 찾으세요. 항구를 떠나 출항하는 배처럼 뱃고동 소리를 드높이세요. 기회는 반드시 옵니다. 건투를 빕니다.

명문대 출신인데
고과가 엉망이라 화가 납니다

최근 인사고과에서 낮은 평가를 받아 열 받아 있는 직장인입니다. 저는 명문대를 졸업한 후 지금 회사에 입사했습니다. 일도 재미있고 회사 선배님들이 배려를 많이 해주셔서 잘 다니고 있었는데, 얼마 전 인사고과 때문에 자존심에 큰 상처를 입었습니다. 학창 시절 절대 1등을 놓치지 않던 제가 이런 평가를 받다니요! 이 때문인지 일도 손에 잡히지 않고, 매일 아침 출근하는데 한숨만 나오네요. 이참에 아예 퇴사하고 로스쿨을 준비해야 할까요?

앵그리맨 기획팀 이 사원

이 사원, 그대의 한숨 소리가 여기까지 들리는 듯합니다. 저는 구직 현장에서 이 사원과 같은 명문대 졸업생들을 많이 만나는데 해주고 싶은 말이 정말 많았어요. 마침 이 사원이 고민을 보내주었으니 명문대 출신 구직자들에게 하고 싶은 이야기를 풀어볼게요. 듣기 불편한 부분이 있을 수 있으니 마음 굳게 먹어요.

본격적인 이야기로 들어가기 전에 헤드헌터 출신 작가 정아은의 소설《모던 하트》에 등장하는 한 장면을 살펴보고 갈까 해요.

> "출신 대학을 왜 그렇게 따져요? 일만 잘하면 되지. 희한한 사람들이네."
> 내가 이렇게 말했을 때 최 팀장은 어이없다는 듯 말했다.
> "미연 씨가 아직 대한민국을 모르는구나. 대한민국에서 출신 대학은 낙인이야. 영원히 지워지지 않는 낙인. 경력 좋고 대학원 좋은 데 나와 봐야 아무 소용없어. 대학을 좋은 데 나와야지. 학부를 좋은 데 안 나온 사람은 절대 A급이 못돼. 외국계 회사도 정말 인지도 높은 회사는 사람 뽑을 때 출신 대학 다 따져. Z사 봐. SKY 출신 아니면 아예 이력서도 보내지 말라고 하잖아? 서울대 대학원, 아니 하버드 대학원 나와도 대학 좋은 데 안 나오면 다 꽝이라고."

어때요? 조금 위로가 되나요? 좋은 대학을 나왔다면 분명 여러 가지 면에서 유리할 겁니다. 변하고 있다고 하지만 대한민국은 아직도 학벌 공화국이니까요. 전직 헤드헌터인 저도 이 부분에 대해서 자신 있게 '아니다'라고 말하기 힘들어요. 실제로 임원이나 대표이사와 같은 고위직의 경우 SKY 출신이 아니면 서류 통과조차 어려운 경우가 많거든요. 대학원이나 유학을 통한 학벌 세탁은 통하지 않아요. 학부를 중요하게 봅니다. 사실 학벌 인플레이션이 심한 우리 사회에서는 SKY를 나오고도 해외 유수 대학에서 MBA나 박사 학위를 받은 사람들이 수두룩해요. CEO 기업평가 사이트인 CEO스코어의 조사에서도 비슷한 맥락의 결과가 나왔어요. 국내 500대 기업 CEO 668명 중 45퍼센트는 SKY 출신이며 그중 S대 출신은 절반에 가까운 23퍼센트에 달합니다.

그렇다면 명문대 출신이면 조직에서의 성공은 보장된 것일까요? 꼭 그런 것 같지는 않아요. 명문대 출신 직장인들의 서글픈 현실을 이야기해볼게요.

최 대리는 명문대를 졸업하고 굴지의 다국적 제약사에서 일하다 미국 최고 대학의 MBA 학위를 취득했어요. 그것도 업무 성과와 역량을 인정받아 회사 지원으로 다녀왔다니 놀랍지요? 이력서로 그를 만나면 누구라도 호감을 가질 수밖에 없는 사람이었어요. 이런 후보자를 놓칠 수 없다 싶어 헬스케어 산업을 차세대 성장동력 사업으로 고려하고 있는 대기업의 전략기획팀원으로 추천했지요. 예상대로 고객사는 그에게 큰 관심을 보였고 일사천리로 인터뷰가 진행되더군요. 최종 인터뷰까지 성공적으로 마친 시점, 고객사 인사부장은 후보자에 대한 평판조회를 요청했어요. 지인을 통해 그의 업무 스타일과 성과를 객관적으로 이야기해줄 수 있는 사람을 수소문했는데, 수화기 너머 들리는 그에 대한 이야기는 충. 격. 그 자체였어요.

　그는 오로지 '결과'만을 생각하는 사람이었어요. 그래서인지 업무에서는 탁월한 성과를 냈지요. 이에 대해서는 누구도 이의를 제기하지 않았어요. 하지만 문제는 성과를 만들어내는 '방법'이었어요. 그는 수단과 방법을 가리지 않고 목표를 달성했어요. 이 과정에서 많은 부작용이 생겼지요. 별다른 죄책감 없이 금방 탄로 날 거짓말을 수시로 하는 탓에 그의 신용도는 바닥이었고, 성과를 위해 주변 사람들을 고려하지 않고 행동하다 보니 동료들에게 미움을 사기 일쑤였죠.

　그는 지인에게 이런 고백을 한 적이 있다고 해요. '혼자 공부만 열심히 하다 보니 치열한 경쟁의식이 저를 지배하게 된 것 같아요. 그래서 매사에 누구하고나 경쟁을 하려고 하네요. 성과에 눈이 멀어 정말 많은 것들을 놓치고 말았네요.' 결국 그는 평판조회 과정에서 탈락하고 말았어요.

　송 이사 이야기도 들려드릴게요. 송 이사는 우리나라 최고 대학의 경영학과에 수석으로 입학한 수재였어요. 대학을 졸업하고 증권사에서 근무하며 리서치센터의 애널리스트와 지점 영업 담당으로 활동하며 최연소 펀드매니저의 영예도 안았지요. 그는 15년 님

게 자산운용회사와 투자자문회사에서 일하며 증권과 자산운용 분야의 전문 지식과 네트워크를 기반으로 그야말로 승승장구했어요. 하지만 좋은 시절이 영원하지는 않더군요. 40대 중반을 지나면서 그의 인생이 꼬이기 시작한 겁니다. 회사를 그만두고 친구와 동업해 창업한 투자회사의 운영은 쉽지 않았어요. 무리하게 투자자들을 모으고 자금을 운영하다가 결국 회사는 풍비박산이 나고 말았지요. 송 이사는 회사를 정리하고 작은 기업의 CFO로 재취업했어요. 그는 자신 인생의 마지막 직장이라 생각하고 최선을 다해 일했지요. 하지만 회사가 외국회사에 합병되면서 회사를 나와야 하는 처지가 되고 말았어요. 송 이사는 요즘 살맛이 안 난다고 하소연을 하네요. 자신이 인생의 패배자가 된 것 같은 느낌이 들어서 서글프대요.

눈물 나지요? 서울대 출신이라고 모두 승승장구하는 것은 아닌가 봅니다. 자, 이쯤에서 인사 담당자들이 명문대 출신에 대해서 어떻게 생각하는지 들어보죠. 국내 주요 기업 80여 곳의 인사 담당 임원들이 서울대 경력개발센터가 주최하는 '우수 기업 임원 초청 서울대생의 역량 개발을 위한 간담회'에 참석해 쓴 소리를 쏟아 냈다고 하네요. 임원들은 입을 모아 서울대 졸업생들은 '조직 친화력'을 키워야 한다고 지적했어요. 능력은 뛰어나지만 직장 내 인간관계가 원만하지 못하고 이직이 어렵지 않은 탓인지 조직 적응에 소홀한 것 같다는 의견입니다. 회사나 조직 보다는 개인을 우선하는 태도는 아무리 서울대 졸업생이라도 곤란하다는 의미겠지요.

명석한 두뇌를 가진 그들이 왜 이런 평가를 받는 것일까요? 그들의 성향을 분석해보면 약간의 힌트를 얻을 수 있어요. 이들은 학창시절 내내 주목 받는 선두 그룹에 속해 있었어요. 대학을 졸업하고 취업 시장에서도 그리 고전하지 않았지요. 하지만 문제는 조직 생활이에요. 좀처럼 인생에서 실패를 경험해 보지 않은 이들은 작은 고난에도 휘청거렸어요. 거기다 잘 나가는 동기나 친구들과 자신을 끊임없이 비교하면서 상대적인 박탈감을 느끼는 경우도 많답니다. 1등을 놓쳐서는 안 된다는 과도한 승부욕을 가지고 있다 보니 협업보다는 경쟁에 집중했고요. 혼자 하는 공부에는 자신이 있지만 다른 사람들과 함께 하는 일은 못하는 거죠.

이 사원, 학교생활과 사회생활은 많이 다르답니다. 학교에서는 성적으로 사회에서는 성과로 경쟁을 한다는 점은 비슷하지만 학교 공부와 달리 사회생활은 혼자 할 수 없어요. 그러니 함께 일하는 법을 배우려 노력하세요. 또한 성공은 성적순이 아니랍니다. 명문대 출신이니 저절로 성공할 거라는 생각은 오산이에요. 노력한 만큼 얻을 테니 지금 자리에서 열심히 배우세요. 마지막으로 행복은 어느 자리에 있는가 보다 자신의 일에서 얼마만큼의 만족감을 느끼는가에 있습니다. 그러니 의사가 되고 변호사가 되어야 꼭 성공한 인생은 아니랍니다. 자신이 어떤 일에서 의미와 가치를 느낄 수 있는 사람인지 잘 생각해보길 바랍니다.

고군분투,
나의 첫 취업기

대학 시절, 저는 기자가 되고 싶었습니다. 부조리를 고발하고 사회 정의를 구현하는 일, 그것이 제가 해야 할 일이라 생각했습니다. 언론고시 스터디 모임을 만들어 친구들과 열심히 준비했습니다. 당시 모 신문사 기자로 일하고 있는 대학 선배를 찾아가 어떻게 하면 기자가 될 수 있는지도 물었습니다. 기특하지요?

하지만 제가 세상 물정 모르는 여대생임을 깨닫는 데는 그리 오랜 시간이 걸리지 않았습니다. 주요 언론사 기자 채용 공고가 날 때마다 지원했지만 단 한 군데도 서류 통과조차 하지 못했습니다. 무서류 전형이었던 단 한 곳의 신문사에서 필기시험을 보았지만 떨어졌습니다. 다행히 저는 주제 파악을 잘하는 사람이었습니다.

제 스펙으로 기자가 되는 건 하늘의 별 따기란 걸 인정하고, 취업 전략을 수정했습니다. 기자가 되겠다는 꿈을 접고 평범한 회사원이 되기로 했지요.

이후 대기업부터 중견기업까지 신입사원 채용 전형에 줄기차게 지원했습니다. 서울 소재 명문여대(?) 졸업장에, 학점도 괜찮았고, 미국 어학연수 경험도 있어 나름 경쟁력이 있다고 생각했지만 면접 기회조차 얻기 힘들었습니다. 그도 그럴 것이 제가 취업 전선에 뛰어 들었던 1997년은 IMF 경제위기가 닥쳤고, 저는 기업에서 써먹기 애매한 문과대학 출신의 여자였습니다. 그렇지만 취업은 절체절명의 과제였습니다. 취업을 못하면 '내 말 안 듣더니 취직도 못하느냐'는 아버지의 타박이 뒤통수에 꽂힐 것이 뻔했기 때문이었습니다. 아버지는 제가 교육대학을 나와 교사가 되길 바라셨거든요. 그래서 악착같이 취업에 매달렸습니다. 하지만 번번이 미끄러졌습니다. 마음이 급했던 저는 결국 졸업을 한 달 앞두고 지인의 소개로 벤처기업에 입사했습니다. 이후 있었던 일은 1장 '직장생활이 생각했던 것과 너무 달라요'에서 다루었습니다.

저는 생각합니다. 그때 만약 기자의 꿈을 버리지 않고 언론고시를 계속 준비했다면 어떻게 되었을까? 벤처기업에 입사하지 않고 취업 준비를 계속했다면 어떻게 되었을까? 결론적으로 말하면 저는 선택을 후회하지 않습니다. 벤처기업에서의 경험을 기반으로 역량 있는 홍보 전문가로 성장할 수 있었고 이후 오랫동안 기자들에게 기사 아이템을 제공하고 이를 이슈화하도록 독려하는 일을 했습니다. 첫 직장이 누구나 알아주는 유명한 회사는 아니었지만 그곳에서 많은 것을 배우고 익혀 다국적 기업으로 이직할 수 있었습니다. 사회 정의를 구현하지는 못하지만 지금은 작가가 되어 세상과 소통하고 있습니다. 그러니 먼 길을 돌아오긴 했지만 제가 원하던 일을 하고 있는 셈이죠.

'무조건 대기업'을 외치는 대기업 N수생들이 있다고 합니다. 이들은 대기업 시험에 두세 번 또는 그 이상의 횟수로 응시합니다. 이들은 '대기업 취직은 일종의 관직'이라 믿습니다. 삼수 끝에 우리나라 최고 대기업에 입사한 이 모 씨는 이렇게 말합니다. "나중에 무얼 하든 대기업 출신이라는 점은 훌륭한 스펙이 될 것이다." 동의합니다. 첫 직장이 대기업이라면 출발선에서부터 유리한 점이 분명히 있습니다. 하지만 모든 사람이 대기업에 입사할 수 있는 것은 아닙니다. 크고 유명한 기업에만 목을 매고 있다가 허송세월만 할 수 있습니다. 이 책을 읽는 그대는 그러지 않았으면 좋겠습니다. 작은 회사에서 시작해도 능력을 인정받으면 얼마든지 이직할 수 있습니다. 성공적인 이직을 통해 원하는 회사에서 일할 수 있습니다. 작은 회사에서의 경험도 큰 회사 못지않게 소중하고 의미가 있습니다. 궁극적으로는 어디서 일하느냐보다 자신에게 맞는 일을 하고 있는가가 더 중요합니다.

회사에서
평생
커리어를
만들어라

2장

변화를
꿈꾸는
그대에게

경력 전환을 하고 싶은데
여의치 않네요

다국적 회사 영업사원입니다. 대리로 승진하고
부터 교육팀으로 옮기고 싶은데 쉽지 않아 고민
이네요. 이쪽 산업이 전반적으로 침체되어 당분
간 영업이든 교육이든 신입 채용은 요원한 상황
입니다. 그래서 이직도 생각했는데 엄두가 나지
않아요. 교육 경력이 전혀 없는 저를 받아줄 회
사가 있을까 싶고, 신입으로 가자니 연봉과 경력
이 아깝습니다. 나이 때문에 신입으로 받아줄지
도 잘 모르겠고요. 하지만 이곳에 계속 머물러 있
으면 영업 경력만 길어지고 내년에 과장 진급을
하고 나면 내부에서도 외부에서도 경력 전환이
영영 어려울 것 같아 불안합니다. 어떻게 하면 좋
을까요?　　　**경력 전환에 목마른 영업팀 김 대리**

김 대리님, 마음고생이 많으시죠? 헤드헌터로 일할 때 이런 고
민을 가진 사람들의 전화를 자주 받았습니다. 경력 전환을 원하고

있지만 뜻을 이루지 못한 사람들이죠. 경력 전환을 원하는 사람이 가장 많은 직군은 아마도 영업일 거예요. 영업은 타 직군에 비해 진입 장벽이 높지 않습니다. 경력이 없어도 받아주는 편이고, 많은 회사들이 신입사원들을 처음에 영업부에 배치했다가 다른 직무로 이동시킵니다. 반면 실적 압박으로 스트레스가 많은 직군이기도 합니다. 영업사원들은 영업 경력을 살려 마케팅이나 교육팀 등으로의 이동을 원하지만 이는 생각보다 쉽지 않아요. 지원자 수에 비해 자리가 턱없이 부족하기 때문입니다. 상황이 이렇다 보니 기회만 엿보다 적당히 포기하고 현실과 타협하기도 하지요. 어떤 구직자는 헤드헌터에게 용감하게 이력서를 내밀며 자신이 원하는 자리로 추천을 요구(?)하기도 합니다. 그렇지만 해당 기업이 원하는 인재가 아니면 헤드헌터들은 추천을 할 수가 없겠죠. 그렇게 해서는 원하는 것을 얻을 수 없어요. 정확한 정보를 가지고 전략적으로 움직이는 사람만이 기회를 잡을 수 있답니다. 자, 그렇다면 전략적인 경력 전환의 방법을 알아볼까요?

양 대리는 대학에서 교육학을 전공해서 영업을 하면서도 교육에 관심이 많았어요. 그래서 팀 내 트레이너로 활동하며 팀원들에게 제품에 관한 기사나 논문 등 최신 정보를 쉽게 정리해 알려주는 일을 즐겼지요. 그뿐이 아니에요. 교육팀에서 주관하는 TFT에는 빠짐없이 지원해 활동했어요. 영업사원들이 활용할 새로운 ERP 시스템을 런칭할 때에는 TFT에 자원해 영업팀의 입장에서 시스템을 보완하고, 영업사원을 대상으로 한 활용법 매뉴얼도 만들었습니다. 셀링 스킬이나 협상 스킬과 같은 실전 교육이 있을 때는 누가 시키지 않아도 앞에 나가 시범을 보이는 등 솔선수범했지요. 이런 활동을 한 덕에 트레이너들은 그를 항상 눈여겨보고 있었어요. 영업 실적도 좋고 분기별로 보는 시험 점수도 최고인 그는 교육팀 영입 1순위의 영업사원이었습니다. 그러던 차에 교육팀에 결원이 생기자 교육팀장이 그에게 손을 내밀었습니다. 트레이너들은 그의 영입을 두손두발 들어 환영했다고 하네요.

자, 이제 눈치 챘나요? 경력 전환의 가장 유력한 방법은 내부 이동입니다. 많은 회사들이 내부에 빈자리가 있을 경우 직원들에게 우선적으로 기회를 줍니다. 하지만 모든 사람이 기회를 잡을 수 있는 것은 아니죠. 충원이 필요할 때 해당 부서는 공고 이전에 적임자 풀을 살펴보는 경우가 많아요. 이때는 평소에 눈여겨 보아온 직원이나 관련 업무를 하고 싶다는 의사를 밝힌 직원들을 우선 검토하지요. 따라서 교육팀으로 옮기고 싶다면 교육팀 사람들에게 본인 의사를 미리 밝혀놓는 것이 좋아요. 하지만 부서를 이동하고자 하는 의사가 조직에 너무 널리 퍼지지 않도록 조심해야 합니다. '영업팀 김 대리가 교육팀으로 옮기고 싶어 한다'는 소문이 파다하면 김 대리는 영업팀에서 배신자로 찍혀 가장 중죄(?)인 '괘씸죄'에 걸릴 수 있기 때문이에요. 따라서 최대한 은밀하게 관련 부서의 믿을 만한 사람의 옆구리를 넌지시 찔러놓기를 권합니다.

그것이 위험을 최소화할 수 있는 비결입니다.

다른 방법은 없냐고요? 풍찬노숙風餐露宿을 마다하지 않는 혁명가들에게 권하고 싶은 길이 있습니다. 원하는 직무를 수행하는 전문 회사에서 관련 경력을 쌓는 방법이지요. 예를 들면 김 대리가 과감히 회사를 그만두고 교육 전문 회사로 이직을 하는 것입니다. 이곳에서 2~3년 일하며 교육 전문가로서의 역량과 경험을 쌓은 후 다시 기업의 교육팀으로 이직하는 방법이지요. 하지만 이것은 결코 쉬운 길이 아니에요. 기존 회사와 비교하면 보수와 대우 면에서 아주 많이 열악할 수 있습니다. 'High Risk, High Return'이라고 하지요? 경력 전환의 열망이 활활 불타는데 좀처럼 내부에서 기회를 엿볼 수 없는 상황이라면 위험은 좀 따르지만 고려해볼 수 있는 카드지요. 요즘은 다양한 업무를 아웃소싱하는 추세라 각 분야의 전문 회사들이 많아요. 광고회사, 홍보회사, 시장조사회사, 컨설팅회사 등에서 파트너로 일하다 고객 회사에 자리가 났을 때 입사하는 경우를 종종 찾아볼 수 있는 이유지요. 물론 업무 역량과 전문성을 인정받았을 때의 이야기라는 것, 잊지 마세요.

딜레마는 그리스어의 di(두 번)와 lemma(제안, 명제)의 합성어로 진퇴양난이나 궁지를 뜻하는 말입니다. 하지만 이 말을 자세히 들여다보면 지금 쥐고 있는 것을 놓지 않고 무엇인가를 얻으려는 심리가 숨어 있지요. 경력 전환을 원한다면 자신의 안전지대에서 과감히 벗어나려는 용기가 필요합니다. 또한 그 과정에서 감내해야 할 시련과 고난도 각오해야 합니다. 경력 전환을 모색하고 있는 전국의 김 대리들에게 격려의 박수를 보냅니다. 편한 길을 마다하고 새로이 도전하는 것은 아무나 할 수 있는 일은 아니니까요. 하지만 고민하고 모색하고 시도하는 이들만이 기회를 잡을 수 있습니다. 김 대리님도 딜레마에서 벗어나 자신이 원하는 길을 성큼성큼 걷기를 바랍니다.

회사에서
평생 커리어를
만들어라

회사가 저를
미치게 합니다

하루에도 몇 번씩 사표를 썼다 지웠다 하는 회사원입니다. 일요일 저녁이면 휴일의 행복감은 물거품처럼 사라지고 짜증이 스멀스멀 올라옵니다. 내일 회사에 출근할 생각을 하니 머리가 지끈거립니다. 좀비처럼 무기력하게 사무실에 갇혀 있는 제 모습이 그려져요. 속이 더부룩하고 명치가 콕콕 쑤십니다. 자려고 누우면 온갖 상념이 저를 괴롭힙니다. '이까짓 회사 때려치워 버릴까? 아냐, 나가면 추워. 나가도 별로 뾰족한 수도 없잖아. 먹고살려면 어쩔 수 없지. 참아보자. 조금 더 버텨보자.' 이렇게 되뇌다 잠이 듭니다. 회사가 나를 미치게 할 때 해야 할 일은 무엇일까요?   **일요일 밤에 더욱 우울한 윤 과장**

윤 과장님, 과장님의 독백이 제 귓가에 들리는 듯합니다. 일요일 저녁의 불안과 우울은 윤 과장님만 경험하는 감정은 아닐 겁니다.

과장님께 꼭 소개하고 싶은 책이 있어요. 선택의 갈림길에서 결정을 내리는 데 도움이 되는 4단계 프로세스 'WRAP'이 담겨 있는 칩 히스와 댄 히스의《자신 있게 결정하라》입니다. 인생은 결정의 연속입니다. 점심 메뉴를 잘못 결정하면 저녁 먹을 때까지만 후회하면 되지만 회사를 심사숙고하지 않고 그만둔다면 후회의 시간이 훨씬 더 길겠지요. 회사가 나를 미치게 할 때, 당장 때려치우고 싶은 욕구가 목구멍 아래까지 치밀어 오를 때면 다음의 4단계를 거쳐 현명하게 결정하라고 조언하고 싶습니다.

1단계 | Widen Your Options
그것이 유일한 해결책인지 점검하라

황 과장은 요즘 회사 일에 진절머리가 납니다. 뭔가 새롭고 역동적인 일을 해보고 싶지만 여의치 않기 때문이지요. 인사철마다 교체되는 팀장에게 업무 보고를 하다가 시간은 다 가고 제안하는 아이디어마다 번번이 묵살당하고 맙니다. 모든 팀장은 공격보다 수비가 미덕이라고 생각하는 것 같아 답답합니다. 이직을 고민하고 있는 그녀, 어떻게 하면 후회하지 않는 결정을 할 수 있을까요? 1단계는 회사를 그만두는 것이 최선인지 다시 한 번 생각해보는 것입니다. 어느 회사에 가든 황 과장이 겪은 팀장은 존재하기 마련입니다. 자아실현의 욕구가 큰 황 과장 같은 사람은 어디에서든 본인이 주도적으로 일하지 못하면 비슷한 느낌을 받을 것입니다. 황 과장에게 가장 좋은 방법은 현 직장에서 권한과 책임을 확장시키는 것입니다. 그렇다면 일할 맛이 나겠지요? 팀장으로 승진하는 것이 가장 좋습니다. 그것이 어렵다면 회사 내부에서 팀을 이동하는 것이 가능한지 알아보는 것은 어떨까요? 이직보다 팀 이동을 권하는 이유는 대부분의 사람들이 역량을 인정받고 있는 익숙한 환경에서 훨씬 더 좋은 성과를 만들어내기 때문입니다. 홈그라운드에서 홈런을 칠 확률이 더 높지 않겠어요?

2단계 | Reality-Test Your Assumptions
계획의 가능성을 점검하라

1단계에서 이직을 하는 것이 유일한 해결책이고 최선이라는 결론에 이르렀다면 현실을 파악해야 합니다. 원하는 회사로의 이직이 가능한지 알아봐야겠지요. 염두에 두고 있는 회사가 있다면 인맥을 총동원해 상황을 알아보세요. 정말 자신이 가서 즐겁게 일할 수 있는 곳인지, 내부 인원의 이동 계획이 있는지, 신규 채용 계획이 있는지 말입니다. 헤드헌터를 활용하는 것도 좋은 방법이에요. 자신의 이력과 전문성을 어필하고 현실적인 이동 가능성을 타진할 수 있지요. 업계 경기는 어떠한지, 최근 채용 트렌드는 어떠한지, 자신의 스펙으로 어느 쪽으로 이동이 가능한지 상담을 받아보세요. 가장 적극적인 방법은 원하는 회사의 포지션에 지원해보는 것입니다. 당락이 결정되면 판단을 점검할 수 있겠지요.

3단계 | Attain Distance Before Deciding
심리적 거리를 확보하라

2단계에서 원하는 곳으로의 이직이 어렵다는 결론을 얻었지만 그래도 계속 미칠 것 같을 때는 어떻게 해야 할까요? 자신이 감정에 휘둘려 표류하고 있는 것은 아닌지 냉철하게 점검해봐야 합니다. 인간은 감정적인 동물이에요. 이성에 따른다고 하지만 사실은 감정에 따라 결정하는 경우가 많지요. 감정이 꼭 나쁜 것은 아니지만 성급히 결정하면 후회를 할 수도 있어요.

또한 자신의 답답한 상황이 온전히 회사 또는 일의 문제인지 생각해봐야 합니다. 워킹맘으로 커리어와 가정 사이에서 중심을 잡느라 마음이 공허해졌을 수도 있고, 자기계발을 하고 싶은데 바쁜 업무 때문에 짬이 나지 않아 초조해졌을 수도 있으니까요. 사람들은 가끔 '새로운 삶'을 찾으라는 신의 신호를 '새로운 일'을 찾으라는 것으로 오해하기도 합니다. 이 단계에서 우리는 자신의 인생에서 핵심적인 우선순위가 무엇이며 과감하게 제거해야 할 사항이 무엇인지 곰곰이 생각해봐야 합니다. 그렇게 심리적 거리를 확보하고 문제를 직시하는 것이 절대적으로 필요합니다.

4단계 | Prepare To Be Wrong
실패할 경우를 대비하라

1, 2, 3단계를 밟았는데도 마음이 계속 '그만두고 싶다'를 외치고 있다면 이제 실패할 경우를 대비해야 합니다. 최상의 시나리오

와 최악의 시나리오를 쓰세요. 운이 좋다면 원하는 직장에 합격해 만족스러운 직장생활을 할 수도 있겠죠. 하지만 몇 개월 동안 실직 상태에 있거나 취업이 되더라도 예전보다 못한 대우와 보수를 감수해야 할 수도 있습니다. 그러니 예상되는 실직 기간에 필요한 최소 생활비를 확보하고 마음의 준비를 해야 합니다. 충분한 준비가 되지 않았다면 퇴사 시기를 늦춰야겠지요.

우리나라 직장인 중 10명 중 7명은 회사 우울증에 시달린다고 합니다. 회사 우울증이란 회사 밖에서는 활기찬 상태이지만 출근만 하면 무기력해지고 우울해지는 증상을 말합니다. 설문 응답자들은 회사 우울증의 원인으로 자신의 미래에 대한 불확실한 비전(49.2퍼센트)을 가장 많이 꼽았고 회사에 대한 불확실한 비전(37퍼센트)과 과도한 업무량(28.3퍼센트) 등이 뒤를 이었습니다.

윤 과장님, 혹시 회사 우울증에 걸린 건 아닐까요? 아니면 일시적인 감정 상태 때문일까요? 부디 앞에서 소개한 4단계로 현재 상황을 철저히, 객관적으로 검토해보기 바랍니다.

아, 그리고 절대 잊지 말아야 할 한 가지가 있어요. 개인의 비전은 절대 회사가 만들어 줄 수 없습니다. 새로운 회사에서 새로운 비전을 찾을 수 있을 거라는 희망을 가지고 이직한다면 또 다시 이직을 준비해야 할지 모릅니다. 그러니 회사가 나를 미치게할 때 반드시 해야 할 일은 자신이 어떤 사람인지, 무엇을 원하는지 생각해 보는 자기 탐구입니다. '나'를 알아야 '나의 비전'을 만들 수 있다는 점, 꼭 기억하기 바랍니다.

회사에서
평생 커리어를
만들어라

연봉 때문에
우울합니다

연봉이 적어서 우울한 직장인입니다. 오랜만에 대학 동창들을 만난 자리에서 연봉 이야기가 나왔는데 제 연봉이 친구들에 비해 턱없이 낮더군요. 저는 중소기업에 취직했기 때문에 연봉에 대해 큰 기대를 하지는 않았습니다. 하지만 친구들의 연봉을 듣고 보니 일하기도 싫고 비참한 느낌마저 듭니다. 연봉 문제만 빼면 지금 직장은 나쁘지 않습니다. 일도 잘 맞고, 회사 동료들과도 잘 지냅니다. 실력을 쌓아서 나중에 연봉 많이 주는 회사로 옮기자, 하고 스스로 다독이지만 마음이 잡히지가 않네요. 어쩌면 좋죠?

연봉 때문에 속상한 길현

길현 씨, 연봉 때문에 고민하시는군요. 사실 연봉은 모든 직장인의 최고 관심사입니다. 한 온라인 취업 포털이 직장인 1,348명에게 직장 선택의 기준을 물었더니 '연봉'이란 응답이 28.5퍼센트로 가장 많았습니다. 많은 직장인들이 연봉을 최우선 고려 사항으로 삼고 있다는 얘기죠. 현장에서 만나는 구직자들 중에는 '연봉이 얼마 이상 되지 않으면 옮기지 않겠다'는 단호한 의사를 밝히는 사람도 있고 연봉을 올리겠다고 짧은 기간 동안 이리저리 옮겨다니다 철새족으로 낙인찍힌 사람도 있습니다. 자신의 연봉이 높다고 우쭐하는 사람도 있고 기대했던 연봉이 아니라며 합격하고도 이직을 포기하는 사람도 있습니다. 우리 사회가 '고액 연봉=성공'의 등식으로 사람을 평가하고 있으니 직장인 대부분이 연봉 맹신주의자가 될 수밖에 없지요.

하지만 길현 씨, 연봉을 기준으로 이직이나 경력계발의 방향을 결정하는 것은 위험한 발상입니다. 고액 연봉의 그림자를 간과하고 있기 때문입니다. 연봉을 이유로 이직을 고려한다면 다음 두 가지를 신중하게 생각해보길 권하고 싶습니다.

첫째, 세상에 공짜는 없다. 높은 연봉을 받으면 희생해야 할 것이 반드시 있다. 그것에 각오가 되어 있는지 자신을 점검해보자.

업계 최고의 연봉을 자랑하는 모 회사에 다니는 영업부 이 팀장은 요즘 참 괴롭습니다. 이 회사에 입사할 때만 해도 그는 천하를 다 얻은 것 같았습니다. 하지만 시간이 갈수록 그의 고민은 눈덩이처럼 커지고 있습니다. 이 팀장은 말합니다. "연봉은 스트레스와 업무량에 비례한다는 말이 있죠? 그거 딱 맞는 말입니다. 이 회사는 정말 일이 많아요. 시스템이 제대로 갖춰져 있지 않은 상황이라 일일이 확인해야 하거든요. 더욱이 영업 목표를 매우 높게 잡기 때문에 목표 달성을 위해서는 밤낮없이 뛰어야 합니다. 그러지 않으면 낙오자가 되기 십상이에요. 그렇게 일하다 보니 너무 바빠 자기계발은 그림의 떡입니다. 이 회사 직원 치고 일하면서 대학원에 진학하거나 직무에 필요한 어학 공부를 하는 사람이 거의 없어요. 어디 그뿐인가요? 연봉이 높다 보니 외부 기회에 대해서 매우 소극적이에요. 경력계발을 위한 좋은 이직 기회가 있어도 연봉이 맞지 않다는 이유로 대부분 포기합니다. 그러다 보니 서서히 업계에서 도태됩니다. 여기서 오래 근무한 직원들은 갈 곳이 없어요. 하지만 직원들은 그걸 몰라요. 높은 연봉이 독이 되고 있는데도 말이죠."

길현 씨, 높은 연봉을 받는 자리라면 연봉을 대가로 무엇을 포기해야 하는지 따져봐야 합니다. 직장인의 로망인 '연봉 1억'의 꿈을 이룬 사람들 대부분은 일중독자입니다. 이들에게 '일과 삶의 균형'이란 말은 사치일 뿐이지요. 더구나 그 돈을 벌기 위해 받는 스트레스는 가히 살인적이라 할 수 있습니다. 많은 이들이 일을 하다가 건강을 잃거나 가족과 소원해지기도 합니다. 앞에 등장한 이 팀장처럼 돈을 대가로 자기 성장을 포기해야 하고 급기야 도태될 수밖에 없는 상황이라면 그 직장은 과감히 나와야 합니다. 악마에게 영혼을 파는 파우스트보다 더 한심한, 최악의 거래이기 때문입니다.

둘째, 반짝 연봉일 수 있다. 연봉을 유지할 수 있는 기간이 얼마나 되는지 따져보자. 생애 전체 소득이 의미가 있다.

중견기업에서 능력을 인정받던 백 차장은 최근 신생 회사로부터의 파격적인 스카우트 제의를 받았습니다. 그가 제안 받은 조건은 그야말로 환상적이었습니다. 30퍼센트가 넘는 연봉 인상뿐 아니라 임원으로 승진시켜 영입하겠다는 것이었습니다. 결정을 내리기 전 그는 지인을 통해 회사 사정을 알아보았습니다. 그랬더니 뜻밖의 사실이 밝혀졌습니다. 그를 스카우트하려 한 회사의 사장은 평판이 매우 좋지 않은 사람이었습니다. 사업 또한 불안정하여 어려운 고비를 겨우겨우 넘기고 있는 상황이었습니다. 사정이 이렇다 보니 그 사장 아래에서 1년을 버틴 임원이 거의 없었습니다. 그가 이직을 한다면 그럴듯한 연봉과 타이틀은 챙길 수 있겠지만 고용 안정은 포기해야 하는 상황이었습니다. 거기다 아무리 생각해봐도 그 회사를 나온 후의 미래 또한 불투명했습니다.

길현 씨, 생애 소득이란 개념 들어보셨나요? 직장인이 첫 취업 후 평생 동안 벌어들이는 소득의 총액, 즉 재직 기간의 보수와 퇴직 소득의 합에서 보험료를 뺀 것을 의미합니다. 생애 소득의 핵심은 보수보다는 근로 기간입니다. 공무원은 박봉이긴 하지만 재직 기간이 길어 일반 회사원보다 생애 소득이 높다는 연구 결과가 있습니다. 펀드매니저는 대표적인 고연봉 직업이지만 이들의 근속 연수는 그다지 길지 않습니다. 더 나은 조건으로 이직하는 경우도 있지만 자신이 맡은 펀드의 수익률이 좋지 않으면 자리를 보전하기 어려우니까요. 고액 연봉을 제시받았다면 그 연봉을 유지할 수 있는 기간이 얼마나 되는지를 꼼꼼하게 따져봐야 합니다. 아무리 높은 연봉이라도 근무 기간이 짧다면 전체 소득은 줄어들 수밖에 없기 때문입니다.

너무 교과서적인 이야기라 미안하지만, 저는 연봉은 성공적인 커리어의 결과여야지 목적이 되어서는 안 된다고 생각합니다. 자신의 경력 가치를 높이고 주변의 인정을 받으면 연봉은 자연스럽게 올라갑니다. 길현 씨, 제가 헤드헌터로 일하면서 이런 사례를 한두 번 본 게 아니니 자신 있게 말씀드릴 수 있습니다. 하지만 연봉만 좇다 보면 나중에는 누구에게도 환영받지 못하는 존재가 될 수 있습니다. 그러니 우선 실력을 키우고 주변의 인정을 받는 사람이 되는 방법을 고민해보라고 조언할게요. 또한 경쟁은 어제의 자신과 하면 충분합니다. 공연히 타인과 자신을 비교하며 괴로워하지는 마세요.

경력직으로 합격했는데
망설여집니다

이직할 회사에서 합격 통보를 받았습니다만 막상 가야 할지 고민인 중견기업 마케터입니다. 3차에 걸쳐 인터뷰뿐 아니라 해당 주제에 대한 프레젠테이션까지 하고 어렵사리 합격했습니다. 어떤 회사인지, 업무적으로 뭐가 다른지 알아나 보자라는 마음으로 가볍게 지원했는데 막상 합격하고 나니 '이 자리가 정말 내 자리인가?' 싶습니다. 지금 누리는 것의 일정 부분을 포기해야 하는데 이 자리가 그럴 만한 가치가 있나 하는 생각도 들어요. 연봉이 그리 많이 오르는 것도 아니고 회사 브랜드도 지금 회사와 비교해 엄청나게 좋아지는 건 아니거든요. 전문성을 강화하기 위해 새로운 제품군의 마케팅에도 도전해보려 이직을 결심하긴 했지만, 새로운 환경이 두렵기도 하네요. 그런데 합격을 위해 지금까지 쏟아 부은 노력과 시간이 아까워 이러지도 저러지도 못하고 있습니다. 저는 어떤 선택을 해야 할까요?

선택의 기로에서 망설이는 허 과장

구직 현장에서 일하다 보니 직장인들의 다양한 면을 보게 됩니다. 어려운 관문을 통과해 합격한 후에 돌연 변심하는 사람들도 있습니다. 헤드헌터도 구인했던 기업도 정말 황당하지요. 물론 현재와 미래, 손에 쥔 것과 앞으로 얻게 될 것을 따져보는 것은 중요한 일입니다. 하지만 자신과 회사에게 피해를 입혀서는 안됩니다. 갈팡질팡하는 허 과장님 같은 분들을 위해 현명한 결정을 위한 '선택의 기술'을 알아보죠.

이성적 접근 | 좋은 점 나쁜 점 리스트 만들기

선택의 기로에 섰을 때 장단점 목록을 만들어 보면 상황에 대한 이성적 조망이 가능합니다. 이 방법은 1772년 벤저민 프랭클린이 특별한 일자리를 제안받은 동료에게 효과적 결정을 위한 프로세스로 제시하면서 유래되었다고 하네요. 실제로 해보기에도 간단합니다. 빈 종이를 접어 세로로 반을 나누고 맨 위에 현재의 고민 또는 선택을 적고 양쪽에 장점과 단점을 나열하는 것이지요. 그리고 각각의 중요도를 비교해 장점과 단점을 지워나갑니다. 이렇게 해보면 선택의 결과로 인해 얻거나 잃을 수 있는 것을 조망할 수 있고 가장 유리한 것을 선택할 수 있습니다. 저 역시 홍보에서 영업으로 경력 전환을 꾀할 때 이 방법을 활용했습니다. 제 리스트는 아래와 같습니다.

홍보에서 영업으로 이동할 때 좋은 점

1. 새로운 경험을 쌓을 수 있다.
2. 업무 평가가 명확하다.

3. 인센티브와 영업활동비 등을 받으면 연봉이 늘어난다.

4. 거래처로 바로 출근하므로 출퇴근 지옥에서 벗어날 수 있다.

5. 영업 경력은 나중에 무엇을 하든 도움이 될 것이다.

홍보에서 영업으로 이동할 때 나쁜 점

1. 영업에서 성과를 못 내면 기존 이미지에 타격을 입을 수 있다.

2. 다시 내근으로 들어오기 어려울 수 있다.

3. 실적 압박을 견뎌내야 한다.

4. 고객의 거절과 푸대접에 마음을 다칠 수 있다.

스탠퍼드 대학교의 정치학 교수인 제임스 마치는 사람들이 선택을 할 때 대개 두 가지 기본적인 의사 결정 모델 가운데 하나를 따른다고 말합니다.

하나는 결과 모델입니다. 이는 가능한 옵션들의 비용과 편익을 따져본 후 만족을 최대화할 수 있는 방향으로 선택을 내리는 것입니다. 앞에서 언급한 장단점 목록은 결과 모델에 따른 방법론이라 할 수 있지요.

다른 하나는 정체성 모델이라고 부릅니다. 이 모델에 따르면 사람들은 결정을 할 때 스스로에게 다음 세 가지를 묻습니다. '나는 누구인가? 이것은 어떤 상황인가? 나와 비슷한 다른 사람은 이 상황에서 어떻게 행동할까?' 정체성 모델은 많은 사람들이 자신의 이익보다는 가치, 이성보다는 감정에 따라 선택을 한다는 점을 강조합니다. 자, 이제 정체성 모델의 방법론도 살펴볼까요?

감성적 접근 | 내 마음의 소리를 듣기 위한 글쓰기

인간은 자각하는 것보다 훨씬 더 쉽게 비이성적으로 행동합니다. 하지만 비이성적인 선택이 나쁜 것만은 아닙니다. 계산기를 두드려 마이너스가 나오더라도, 그 선택에 만족한다면 그건 좋은 선택일 수 있습니다. 이성적으로 최상의 것을 선택했더라도 마음이 동하지 않다면 불행해집니다. 따라서 선택의 순간에는 반드시 마음의 소리, 즉 감정에 귀를 기울여야 합니다. 정신과 전문의 문요한은 현대인들이 감정을 이성보다 열등한 것으로 보거나 통제의 대상으로만 바라보는 것을 경계해야 한다고 지적합니다. 자신이 무엇을 느끼는지, 그 감정이 어디에서 기인하는지, 자신의 행동에 어떤 영향을 주는지, 이런 것들을 이해하는 일이 매우 중요하다는 것이지요. 그는 자신의 감정을 제대로 인식하고 표현하는 것이 절대적으로 필요하다고 강조합니다.

그렇다면 자기 감정을 잘 느끼고 들여다볼 수 있는 방법은 무엇일까요? 저는 글쓰기를 추천합니다. 자신이 고민하고 있는 사항을 글로 풀어 쓰다 보면 자신이 원하는 바가 자연스럽게 드러납니다. 글을 쓸 때는 자신의 감정을 솔직하게 기술해봅니다. 1장 정도의 짧은 분량이면 충분합니다. 기대했던 것보다 더 선명한 선택의 지도를 얻을 수 있습니다.

만약 이직이나 취업의 선택의 기로에서 망설이고 있다면 위와 같은 방법이 도움이 될 수 있습니다. 하지만 너무 오래 고민하는 것은 좋지 않습니다. 현재 일에 몰두하기도 어렵고 입사를 기다리는 회사에게도 결례가 되니까요. 그러니 최대 일주일 정도로 곰곰이 생각해보고 남을지, 옮길지 결정해야 합니다. 이때 어떤 선택을 해도 후회가 남는다는 사실을 인정해야 합니다.

허 과장님, 선택 이후가 더 중요하다는 걸 명심하세요. 선택 후 자신이 어떤 마음가짐으로 일에 임하느냐에 따라 그 선택이 잘한 것인지, 잘못한 것인지가 결정되니까요. 아무리 심사숙고해서 선택을 했어도 이후의 일에 마음을 다하지 않는다면 좋은 성과를 기대할 수 없고, 성과가 좋지 않다면 선택은 최선이 아닌 것이 됩니다.

허 과장님, 정글에서 타잔이 앞으로 이동하기 위해서는 잡고 있던 밧줄을 놓아야 새로운 밧줄을 잡을 수 있겠지요? 선택도 다르지 않습니다. 선택을 위해서는 잡고 있는 밧줄을 과감히 놓을 줄 알아야 합니다. 놓지 않고 망설이다 보면 앞으로 나아가기는커녕 오도 가도 못할 수 있습니다. 그러니 허 과장님, '아아아~'를 외치며 타잔처럼 거침없이 새로운 밧줄을 움켜쥐길 응원합니다.

사표 내고
이직을 준비해도 될까요?

> 이직을 생각 중인 컨설턴트입니다. 나이가 30대 후반이라 더 늦기 전에 기업에 들어가 경험을 쌓고 싶은데 옮기기가 쉽지 않네요. 이름만 대면 누구나 알 만한 외국계 컨설팅회사에 다닌다고 남들은 부러워하지만 저는 고민이 많습니다. 세상에 공짜는 없다고 하죠? 지금 제 상황이 딱 그렇습니다. 이 회사는 억대 연봉도 주지만 매일같이 어마어마한 업무도 함께 줍니다. 프로젝트에 투입되면 주말도 없이 일해야 합니다. 낮에는 고객사 미팅을 나가고, 시차 때문에 밤에는 외국 파트너들과 전화 회의를 합니다. 야근에 특근에, 해외 출장에 특별 프로젝트까지……. 이런 생활 패턴에 이미 지쳐서 이직 준비는 제대로 못 하고 있는데, 막상 연봉을 포기하자니 망설여집니다. 과감하게 퇴사하고 다른 회사를 알아볼까 싶기도 합니다. 그래야 뭐라도 될 것 같아서요. 저질러도 될까요?
>
> **그만두고 싶은 6년차 컨설턴트 제임스**

제임스, 혹시 알아요? 제 첫 책의 제목이 《그만둬도 괜찮아》인데요. 책이 나오고 나서 많은 사람들이 저에게 이렇게 물었어요.

'(애절한 눈빛으로 두 손을 모아서) 정말 그만둬도 괜찮은가요?' 당시 헤드헌터였던 저에게 정말 그런지 확인하고 싶었던 것 같아요. 지인이 제 책 출간 소식을 SNS에 올렸더니 비슷한 질문이 달렸어요. 그 질문에 지인은 이렇게 답했습니다. '그만둬도 괜찮아요. 저자가 (헤드헌터라) 다른 데 취업시켜줄 거예요.'

이직에 있어 불문율이라 할 수 있는 명제가 있지요? '성급하게 퇴사하지 말고 회사에 적을 두고 이직을 준비하라.' 퇴사 후 구직할 경우 바로 취업이 안 되면 실직 기간이 길어지겠지요. 요즘 같은 불경기에 무작정 퇴사를 하게 되면 적당한 자리를 찾지 못해 마냥 쉴 위험도 있습니다. 이직할 때 또 무엇을 고려해야 할까요? 당연히 연봉이나 처우겠지요. 대부분의 회사들은 현직자와 퇴사자에게 다른 기준을 적용합니다. 현업에 있는 사람에게는 현재 연봉에 일정 퍼센트의 인상을 제안하지만 집에서 놀고 있는 사람에게는 회사 방침이나 내부 직원과의 형평성을 언급하며 전 직장 수준 정도를 제시하거나 깎기도 합니다. 우수 인재의 스카우트를 위해서는 기꺼이 돈을 지불하지만 시장에 나와 있는 자유계약선수는 다르다고 인식하는 것이지요. 이런 기준은 연봉뿐 아니라 직급 등의 처우에도 그대로 적용됩니다.

자, 그럼 이 사실을 염두에 두고 제임스가 어떻게 하면 좋을지 생각해볼까요? 커리어 컨설턴트로서 저 역시 구직자들에게 위와 같이 조언을 합니다. 하지만 예외도 있지요. 옮겨갈 자리를 마련해두지 않고 그만두어도 괜찮은 경우들 말입니다. 제임스가 바로 그런 경우예요. 제임스는 아마 그 회사를 다니면서 일반 기업으로 이직하기는 결코 쉽지 않을 겁니다. 제임스가 말한 대로 우선 연봉이 포기가 안 될 거예요. 저는 제임스가 결단을 내리기를 바랍니다. 일단 사직서를 제출하세요. 사실 최악의 경우 몇 달을 쉰다 해도 괜찮아요. 퇴직금이 있을 테니 얼마간 여행을 다니면서 재충전의 시간을 갖는 것도 좋지요. 엄밀히 말하자면 제임스의 경력은 반쪽짜리입니다. 에이전시에서 일을 했으니 인하우스로 이동해서 하이브리드 경력을 쌓을 때가 된 것이죠. 제임스도 이런 필요성을 잘 알고 있지요? 그리고 알다시피 기업으로 이동한다면 연봉이나 직급에서 대폭 양보를 해야 합니다. 하지만 가장 중요한 것을 위해 부가적인 것은 과감히 포기해야 한다고 생각해요. 연봉도 물론 중요하지만 경력계발이 더 중요하니까요.

직장인들에게 경력계발에 관한 조언을 하면서 가장 안타까울 때는 편협한 시각에 갇혀 소중한 기회를 놓치는 것을 볼 때입니다. 특히 어린 친구들은 '연봉=능력'이라는 공식을 세워놓고 경력계발에 도움이 되는 기회를 발로 차버리곤 해요. 신입사원부터 과장급까지의 경력 배양기와 성장기에는 그 무엇보다 자신의 전문성을 키우고 경력 가치를 높이는 일에 집중해야 하는데 말이지요. 제임스 역시 경력 가치를 높이기 위해서는 기업에서의 경험이 절대적으로 필요합니다. 갑과 을, 양쪽에서 모두 일해본 사람은 균형 잡힌 시각과 폭넓은 경험으로 무장한 인재가 될 수 있습니다. 그러니 중요한 선택을 위해 현재 있는 곳을 떠나 과감히 주변 환경을 바꾸는 것도 괜찮습니다. 그러고 나면 보다 현명하고 신속한 결정을 내릴 수 있을 겁니다.

그만둬도 괜찮은 또 다른 경우는 건강에 심각한 이상이 있는 경우입니다. 홍 상무가 그랬어요. 회사 근처 찻집에서 그녀를 처음 만났을 때, 그녀는 허리가 아파 제대로 앉아 있기도 불편한 상태라고 했습니다. 연구소장으로 밤낮없이 일하다 보니 오너의 신임은 얻었지만 무엇보다 소중한 건강을 잃고 말았어요. 그녀는 다행히 상사의 배려로 매일 치료를 받으며 조금씩 나아지고 있지만 업무와 책임이 조금 덜한 곳으로 이직을 하고 싶다고 했습니다. 저는 그녀에게 지금 필요한 것은 이직이 아니라 휴식이라고 조언했습니다. 이직을 하게 되면 새로운 조직과 업무에 적응하기 위해서 엄청난 에너지가 필요할 것이고 그러면 건강에 다시 적신호가 켜질 게 불 보듯 빤하거든요. 결국 홍 상무는 회사를 그만두고 충분한 휴식 기간을 가졌어요. 이후 건강을 회복해 이직에도 성공했지요.

마지막은 가정에 중대한 이슈가 있는 경우입니다. 부모나 배우자가 건강상의 치명적인 문제가 있거나 10대 자녀가 마음을 잡지 못하고 방황한다면 일보다 가정에 무게 중심을 두어야 합니다. 일은 다시 시작할 수 있지만 가족은 한 번 잃으면 되찾을 수 없기 때문입니다. 김 이사는 아내가 유방암 투병 생활을 할 때 24시간 아내의 곁을 지켰습니다. 아이도 없는, 단 둘뿐인 가정을 지키기 위해서였지요. 얼마 전 아내의 완치를 확인한 김 이사는 다시 일자리를 알아보고 있습니다. 윤 차장은 중학생 아들이 학교생활에 적응하지 못하고 겉돌자 함께 외국 유학을 떠났어요. 한동안 힘든 시간을 견뎌야 했지만 아이와 함께한 시간들은 결코 헛되지 않았다고 하네요. 아들과 정말 오랜만에 속 깊은 이야기를 할 기회를 얻었기 때문입니다.

제임스, 그만둬도 괜찮아요. 지나고 보면 멈춤의 시간은 찰나입니다. 정말 중요한 것을 선택하기 위해서, 인생이라는 긴 여행을 함께할 내 몸을 돌보기 위해서, 이 세상 단 하나뿐인 소중한 사람을 지키기 위해서 멈춤이 필요하다면 그렇게 해야죠. 손해 본 연봉은 어떡하느냐고요? 돈이야 다시 벌면 됩니다. 우리는 어쩌면 살기 위해 어쩔 수 없는 생존 경쟁을 하는 것이 아니라 충분히 갖고도 더 많이 갖기 위해 불행한 성공 경쟁을 하는 것일지도 모릅니다. 지나고 나면 아무것도 아닙니다. 그러니 그만둬도 괜찮아요. 정말 중요한 것을 잡으세요.

동료가 상사가 되어
괴롭습니다

동료가 상사로 승진해 이직을 해야 하나, 머리가 복잡한 회사원입니다. 마음을 터놓고 수 년 동안 동료로 지낸 사람을 상사로 모시게 되니 청천벽력이네요. 몇 년 전 그의 대학 선배가 임원으로 영입되면서 그가 중요한 프로젝트에 투입되고, 괄목할 만한 성과도 내면서 저를 저만치 앞서게 된 겁니다. 서로 반말하면서 편하게 지냈는데 '팀장님' 하며 일할 생각을 하니 아득합니다. 자괴감도 들고 그도 이 상황이 불편하긴 마찬가지일 텐데 차라리 회사를 옮기는 게 나을까요?

머리 아픈 구 차장

구 차장님, 정말 난감하시겠어요. 어제의 동료가 오늘의 상사가 되는 상황이라니! 저도 그런 경우가 있었답니다. 비슷한 나이로 함께 몰려다니며 놀던 동료들이 있었는데 어느 순간, 그 중 한 명이 제 보스가 되어 있더라고요. 이런 경우는 직장생활을 오래 하다 보면 흔히 있는 상황입니다. 능력 위주의 승진이 보편화되고 있는 요즘은 더 많아지는 일이지요. 직장인이라면 누구나 원하지 않는 경쟁에 내몰리게 됩니다. 회사는 영리 집단이니 불가피하게 직원들을 성과에 따라 줄을 세우죠. 그렇다면, 구 차장님의 상황에서 어떻게 하면 좋을지 함께 고민해볼까요?

끝날 때까지 끝난 게 아니다

미국 메이저리그 명문구단 뉴욕 양키스의 포수로 활약했던 요기 베라를 아시나요? 요기 베라는 19년 동안의 현역 선수 시절 월드시리즈에 14번 진출해 10번의 우승을 차지했던 전설적인 선수입니다. 1973년, 그는 뉴욕 메츠의 감독이었습니다. 시즌 중반, 뉴욕 메츠가 게임 차는 적지만 꼴찌를 달리고 있을 때 한 기자가 물었습니다. '시즌 끝난 건가요?' 그러자 요기 베라가 대답했습니다. 'It ain't over till it's over(끝날 때까지 끝난 게 아니다).' 뉴욕 메츠는 그해 역전에 역전을 거듭해 월드 시리즈까지 진출하는 쾌거를 이루었습니다.

구 차장님, 요기 베라가 어떤 이야기를 하는지 아시겠지요? 지금은 잠시 밀렸지만 승부는 아직 끝나지 않았습니다. 뉴욕 메츠가 꼴찌에서 월드 시리즈까지 진출했듯이 구 차장님도 그를 역전할 날이 올 수 있습니다. 그러니 기운내세요. 하지만 현재의 승부에는 깨끗하게 승복해야겠지요. 이번 인사 명령을 두고 회사에서는 이러쿵저러쿵 말이 많을 겁니다. 또한 구 차장님이 새로운 보스에게 어떻게 하는지 사람들은 눈여겨볼 테고요 그러니 상사에게 그 누구보다 깍듯하게 대하는 모습을 보여줘야 합니다. '이렇게까지 할 필요가 있나?'란 생각은 버리세요. 인정하세요. 그는 이제 동료가 아니라 보스입니다.

경쟁하지 말고 공헌하라

어릴 적 읽었던 이솝우화, 행인의 외투를 벗기려 내기한 태양과 바람 이야기 기억나지요? 이 시점에서 차장님이 해야 할 역할은 바람이 아니라 태양입니다. 상사와 경쟁하려 하지 마세요. 마음 같아서는 '나 이런 사람이거든' 하고 외치며 그의 코를 납작하게 눌러버리고 싶겠지만 절대 그러지 마세요. 대신 상사를 도와주세요. 그의 성공에 공헌하세요. 상사는 신임 팀장이니 분명 좌충우돌할 것입니다. 자신이 일을 하는 것이 아니라 이제 사람들이 움직이도록 만들어야 하니까요. 차장님은 팀의 터줏대감으로 새로운 팀장이 팀원들과 제대로 일할 수 있도록 도우세요.

이직이 답이 아니다

구 차장님, 이직하면 어떨까 생각 중이라 했지요? 지금보다 더 크고 좋은 회사에 팀장으로 승진해 입사할 수 있다면 당연히 이직하는 게 좋죠. 지금 회사에 '당신들 사람 잘못 봤어!' 하며 사표를 날릴 수 있는 가장 이상적인 그림이니까요. 하지만 그런 자리는 정말 찾기 어려울 겁니다. 파격적인 스카우트는 작은 회사가 큰 회사에서 경험을 쌓은 인재를 영입할 때나 쓰는 방법이니까요. 그러니 이 상황에서 평행이동을 한다면 구 차장님에게 전혀 이득이 될 것이 없습니다. 아주 잠깐은 만족할 수 있겠지요. 보고 싶지 않은 사람을 안 봐도 되니까요. 하지만 금세 후회할 수도 있습니다. 새로운 조직에서 무슨 일이 기다리고 있을지 알 수 없으니까요.

구 차장님, 저는 이런 생각을 해봅니다. 경쟁을 통한 도태가 아니라 공헌을 통한 공존은 불가능한 것일까? 길지 않은 인생을 절치부심, 와신상담하면서 보내지 말고 즐겁게 일할 수는 없을까? 만신창이의 몸으로 최후의 승자가 되면 과연 행복할까? 구 차장님, 앞으로의 시간을 어떤 방식으로 채워나갈지 진지하게 고민해보시기 바랍니다.

다음 단계가 고민인
임원입니다

지금 있는 조직에서 글로벌 CFO를 목표로 할지, 아니면 작은 조직의 CEO가 되는 길을 알아봐야 할지 고민인 유럽계 회사 임원입니다. 40대 초반이란 나이에 재무 담당 상무가 되어 주위에서 일찍 성공한 편이라는 이야기도 가끔 듣네요. 다음 단계를 구상하고 있는데, 현재 몸담고 있는 회사는 규모가 크지 않아 외국으로 나가 CFO가 된다고 해도 큰 기회를 잡기는 어려울 것 같습니다. 더구나 현 회사에서 아시아 출신 직원이 요직으로 진출한 경우는 전무합니다. 그렇다고 작은 조직의 CEO로 이동하자니 앞으로 경제 상황이 걱정이 됩니다. 장기 불황의 시대로 접어든다고 모두들 이야기하는 마당에 한 조직을 이끄는 것도 두렵습니다. 잘못하다가 실패한 CEO라는 낙인이 찍힐까 봐 걱정도 되고요. 다음 단계로 도약해야 할 타이밍이긴 한데 아무래도 손에 든 카드가 만족스럽지 않습니다. 조언 부탁드립니다.

다음 단계를 구상 중인 박 상무

박 상무님, 고민이 많으시겠어요. 우선 제가 드리고 싶은 말씀은 한 템포 늦추시라는 겁니다. 그 나이에 그 자리까지 오르셨으면 얼마나 앞만 보고 달려오셨는지, 보지 않아도 알 것 같네요. 아마 해오던 습관이 있으니 자연스레 다음 단계를 떠올리셨겠지만, 저는 좀 다른 말씀을 드리고 싶습니다.

최 상무 역시 상무님처럼 빠르게 승진한 분이셨습니다. 외국 유수의 대학에서 MBA를 마친 그의 인생은 승승장구, 탄탄대로였지요. 특히 외국인이 사장으로 있는 회사에서 그의 재능은 꽃을 피웠습니다. 고속 승진을 거듭하던 그는 40대 초반에 대규모 사업부를 총괄하는 자리를 차지하게 되었습니다. 하지만 높이 올라간 용에게는 뉘우칠 날이 있다고 했던가요? 그에게도 후회의 날이 다가왔습니다. 본사의 지시로 사장이 바뀌면서 그는 신임 사장과 불화를 빚었습니다. 결국 회사를 나올 수밖에 없었고 2년이 넘도록 새로운 자리를 찾지 못하고 있습니다. 사람들에게 자신의 화려한 부활을 알릴 수 있는 정도의 자리를 찾다 보니 복귀의 시간이 점점 늦어지고 있는 것이지요. 어쩌면 그는 이렇게 조용히 사라질지도 모르겠습니다. 오만한 그에게 예전의 영화를 돌려줄 자리가 있을까 싶으니까요.

신영복 교수는 《강의》라는 책에서 《주역》을 논하며 사람은 모름지기 자기보다 조금 모자라는 자리에 앉아 있어야 한다고 말합니다. 그는 '자리'가 '사람'보다 크면 사람을 상하게 한다고 생각합니다. 그래서 평소 '70퍼센트 자리'를 강조합니다. 어떤 사람의 능력이 100이라면 70 정도의 능력을 요구하는 자리에 앉아 있어야 적당하다는 것입니다. 30 정도의 여백이 있어야 창조적, 예술적으로 일할 수 있다는 이야기지요. 반대로 70 정도의 능력이 있는 사람이 100의 능력을 요구받는 자리에 있을 경우 부족한 30은 거짓이나 위선, 함량 미달의 불량품으로 채우게 된다는 겁니다. 결국은 자신도 망치고 자리도 파탄이 나겠지요. 개체의 능력은 그 속에 있지 않고 개체가 발 딛고 있는 처지와 관계 속에서 생성된다는 것이《주역》의 사상이라는 것입니다.

저는 상무님께 신영복 교수의 조언에 귀를 기울이라고 말씀드리고 싶습니다. 자신이 원하는 자리가 혹시 자신의 능력보다 큰 자리는 아닌지 다시 한 번 생각해야 합니다. 욕심이 과해 자신과 조직을 망치지는 않을지 진지하게 생각해야 합니다. 조금 더 겸손한 자세로 자신을 돌아봐야 합니다. 혹시 자신에게 부족한 것은 없는지, 그리고 부족한 것을 어떻게 채울지 고민해보시기 바랍니다. 그러니 그리 조급해할 필요는 없을 것 같습니다. 박 상무님이 후회하는 용이 되지 않기를 진심으로 바랍니다.

아, 그리고 현실적인 조언 한 가지를 덧붙입니다. 미국 콜롬비아 대학의 교수인 로렌스 피터 교수는 1969년《피터의 원리》라는 책을 발표했습니다. 피터의 원리란 조직에서 모든 구성원은 무능이 드러날 때까지 승진하려는 경향이 있다는 것입니다. 조직에서는 성과를 바탕으로 승진하게 되고, 그러면서 담당하는 분야가 넓어지게 되죠. 직위가 높아질수록 능률과 효율성은 떨어지다 못해 급기야 무능력한 수준에 이릅니다. 대부분의 사람들은 성공을 위해 자신의 잠재력을 최대한 끌어내고 능력 이상의 것을 하려고 노력하지요. 피터 교수는 그러지 말고 자신의 능력과 에너지가 소진되기 전에 멈추라고 주장합니다.

상무님은 부디 피터의 원리 같은 사례가 되지 않기를 바랍니다. 무작정 승진하는 것이 최선은 아닙니다. 지금 당장 움직여야 한다는 강박을 살짝 내려놓으세요. 그리고 자신의 비전을 다시 점검하고 목표를 설정한 후 다음 단계를 고민하길 바랍니다.

인생 2막을
구상 중입니다

전문성을 살려 인생 2막을 열고 싶은 다국적 회사 인사 담당 이사입니다. 임원이 되는 것은 저의 오랜 꿈이었습니다만, 막상 임원이 되고 나니 이제 어떤 목표를 세워야 할지 고민이 됩니다. 이 회사에서 더 이상 올라갈 곳은 없습니다. 승진하여 상무나 전무가 된다 해도 하는 일이 크게 달라지지도 않고, 현실적으로 제가 사장이 될 확률은 거의 없습니다. 사장이 되겠다는 욕심도 버린 지 오래고요. 다른 회사로 이직해도 어차피 비슷한 일을 하게 될 테니 별로 의미가 없습니다. 조직에서 오래 머물지 못하리라는 것도 알고 있으니 이제 본격적으로 다음 단계를 준비하고 싶습니다. 그런데 어디서부터 시작해야 할지 막막하네요. 조언 부탁드립니다.

별을 따고 고민하는 김 이사

김 이사님, 직장인들의 로망이 임원이 되는 것이라고들 하죠. 이사님은 조직에서 별을 딴 분이시네요. 남들이 한참 부러워할 자리에 오르시고도 다음 단계를 고민하는 이사님, 응원합니다. 조직에서 오래 머물지 못하리라는 말, 맞습니다. 별을 딴 임원은 화려해보이지만, 그 실상은 '임시 직원'임을 누구나 알고 있죠. 연봉도 오르고, 회사에서 차도 주고, 아늑한 사무실도 줍니다. 하지만 임원으로 선임되면 우선 퇴직을 하고, 퇴직금 정산까지 마친 후 임기 1년짜리 근로계약을 다시 체결합니다. 매년 재계약을 해야 하는 고용 불안의 그림자가 도사리고 있는 것이죠. 일부 임원들은 성과를 내야 한다는 부담감에 시달리다 재계약에 실패하고 회사를 떠납니다. 많은 혜택이 주어지기도 하지만 언제든 회사를 떠나야 하는 임시직, 이것이 바로 임원의 정의입니다. 그렇다면 별을 딴 후에 해야 할 일은 무엇일까요?

대부분의 사람들은 가능한 오래 자리를 지키는 방법에 집중합니다. 더 많은 성과를 만들어 내고 회사에 충성심을 어필하기 위해 몸 바쳐 일해야 한다고 생각합니다. 그렇게 일하던 임원 중에는 건강을 잃거나 가족에게 외면당하고 후회를 하기도 합니다. 조금 더 생각이 트인 사람은 재계약이 안 될 경우를 대비합니다. 경쟁사의 임원 이동 정보나 채용 시기에도 늘 주의를 기울입니다. 정보가 곧 힘이니까요. 예전처럼 상사에게만 잘 보여서는 부족하다는 것도 알고 있습니다. 따라서 동료와 부하직원도 내부 고객으로 간주하여 그들로부터의 평판까지도 관리합니다. 그러나 질문에서 알 수 있듯 김 이사님은 남들이 다 하는 이런 기본적인 방식에 만족하시는 분이 아니죠. 인생 2막을 제대로 시작하려면 어떤 준비가 필요한지 말씀드리겠습니다.

《1인 회사》의 저자 수희향은 1인 지식기업가가 꼭 갖추어야 할 것으로 '시장성 있는 필살기'를 꼽습니다. 시장성 있는 필살기는 시장 수요가 있는, 즉 판매를 통해 매출 창출이 가능한, 자신만의 전문성을 의미합니다. 자, 이사님의 필살기부터 찾아볼까요?

이사님은 오랜 시간 HR 업무를 해오셨지요. 그러니 HR과 관련된 성공 사례나 노하우를 가지고 계실 겁니다. 이를 활용해 인사 담당자들을 대상으로 교육 비즈니스를 해보면 어떨까요? 이미 다양한 교육기관에서 관련 교육들이 진행되고 있습니다. 요즘은 직군별 온라인 카페도 많이 활성화되어 있는 편입니다. 이사님의 프로필을 담은 강의 기획안을 관련 교육기관이나 카페 운영자에게 보내는 등 현직에 있을 때부터 적극적으로 사업 가능성을 타진해보는 것이 좋습니다. 그렇게 이력이 쌓이게 되면 회사를 떠난 후 기업들을 대상으로 HR 전략을 수립해주는 컨설팅 사업을 해봐도 좋을 것입니다. HR 관련 책을 쓰는 것도 좋은 방법입니다. 책은 개인 브랜드를 만들 수 있는 가장 효과적인 방법이지요. 다만, 한 가지 주의할 점이 있습니다. 이러한 활동이 조직에게 어떻게 비추어질지 사전에 계산해봐야 합니다. 현업을 등한시하고 외부 활동에만 집중하는 사람으로 오해를 받을지 모르니 적절한 수위 조절은 필요하겠지요? 이러한 활동을 통해 이사님이 속한 조직의 인지도를 높일 수 있는 긍정적인 효과도 있으니 조직에는 이를 적극적으로 어필하길 바랍니다.

신 대표는 얼마 전 10년 넘게 다니던 회사를 퇴사했습니다. 유수의 대학을 나오고 유명한 MBA 학위를 가졌지만 나이가 쉰을 넘기고 나니 자리를 찾기가 어려웠습니다. 그래서 그는 이제 경력과 전문성을 살려 할 수 있는 자신의 사업을 구상하고 있습니다. 바로 20년간의 홍보 경력을 살려 홍보회사를 설립하는 것입니다. 그는 우선 6개월 정도 홍보회사에서 부사장으로 일하며 PR 아웃소싱의 업무 방식과 생리를 익힐 계획입니다. 그 후 사무실이나 직원을 두지 않고 혼자 할 수 있는 프로젝트부터 찾고, 파트너가 필요하면 외부 전문가와 전략적 제휴를 맺어 해결할 생각입니다. 그는 주변 사람들에게 자신의 근황을 알리고 자신이 할 수 있는 일이 있으면 소개해달라는 부탁도 열심히 하고 있습니다. 신 대표는 임원들에게 꼭 당부하고 싶은 이야기가 있다고 했어요. 바로 '조직에 있을 때, 조직을 떠날 준비를 시작하라'입니다.

세계적인 경영 구루 찰스 핸디는 그의 저서 《코끼리와 벼룩》에서 앞으로의 근무 환경은 코끼리와 같은 대기업의 풀타임 직장에서 벼룩과 같은 프리랜서 중심으로 변화할 것이라고 예견했습니다. 찰스 핸디가 이 책을 발간했을 때가 2001년이었는데 약 14년이 지난 지금, 그의 예견이 틀리지 않았음이 입증되었지요. 점점 더 많은 직장인들이 고용 불안과 비전 부재의 이유로 조직을 떠나고 있습니다. 또한 취업난에 지친 많은 대학 졸업생들이 창업을 고려하고 있지요.

김 이사님, 별을 딴 후에 해야 할 일은 자신이 별이 되는 일입니다. 남이 달아준 별은 빼앗기거나 잃어버릴 수 있습니다. 하지만 별이 되면 그럴 염려가 없습니다. 그렇다고 그 별이 휘황찬란한 큰 별일 필요는 없습니다. 자신만의 의미와 철학을 지키며 하늘 한구석에서 수줍게 빛나는 작은 별이라도 괜찮습니다. 김 이사님, 혼자 힘으로 당당한 별이 되시길 응원합니다.

천기누설,
이직의 기술

저는 직장생활을 하면서 여러 번 이직을 했습니다. 서치펌에서 일하며 많은 직장인들의 이직을 돕기도 했습니다. 하지만 이직을 권하는 편은 아닙니다. 이직은 최후의 수단으로 고려하라고 조언합니다. 직장생활의 여러 가지 문제들이 이직만 하면 해결될 거라고 믿는 사람들에게는, 단호히 '이직이 답이 아니다'라고 말합니다. 하지만! 그래도! 궁금한 그대를 위해 약간의 천기누설을 하고자 합니다. 저의 경험을 통해 얻은 알짜 기술을 공개합니다.

당시 저는 가장 잘나간다는 홍보회사에서 2년을 일하고 외국계 홍보회사로의 이직을 원하고 있었습니다. 전 직장을 포함해 국내 기업에서 5년 이상 경력을 쌓고 나니 조금 더 넓은 세상이 궁금했습니다. 외국계 홍보회사는 임원을 비롯해 외국인 직원이 많고 외국계 고객사를 많이 보유하고 있어 지금까지 경험한 세계와는 다른 무언가가 있을 거라고 생각했습니다. 여러 번의 시도 끝에 미국계 홍보회사의 외국인 사장과 얼굴을 마주할 기회를 얻었습니다. 이런 저런 이야기가 오가고 분위기도 나쁘지 않았습니다. 그는 제 경험과 전문성에 관심을 보였고 답변도 그의 기대에 부응하는 듯 보였습니다. 인터뷰가 끝날 즈음 그가 질문이 있냐고 물었습니다. 저는 속사포처럼 말했습니다. "제가 이 회사에 입사하면 어떤 것들을 배울 수 있을까요? 이 회사는 어떤 직원 교육 프로그램을 가지고 있나요? 해외에 나가 교육을 받을 기회가 있을까요?" 성장과 배움에 목말랐던 저는 이 회사에서 나를 닦고 조이고 기름치고 싶다며 눈에서 레이저를 쏘아가며 말했습니다. 결과는 어떻게 되었을까요? 예상과 달리 저는 탈락 통보를 받았습니다.

당시에는 제가 왜 떨어졌는지 몰랐습니다. 그 회사의 채용 담당자는 애매모호한 이야기를 늘어놓으며 얼버무렸거든요. 하지만 10년도 더 지난 이제야 그 이유를 깨달았습니다. 전직 국가대표이자 축구 해설위원 이영표는 "월드컵은 경험하는 곳이 아니라 증명하는 자리"라고 했습니다. 당시 외국인 사장 역시 '배우려는 직원이 아니라 기여하는 직원'을 원했습니다. 그동안 쌓은 실력을 발휘하여 성과를 내고 회사의 이름을 드높일 직원이 필요했습니다. 그런데 저는 경험하려는 사람이었던 것입니다. 경력 직원의 경우, 면접관에게 회사에서 배우려는 사람이 아니라 회사에 기여할 수 있는 사람으로 보이는 것, 이것이 바로 이직의 기술입니다.

이후 우여곡절 끝에 한국 회사와 미국 회사가 합작투자한 홍보회사에서 일하게 되었습니다. 그때 행운의 여신이 내게 손을 내밀더군요. 전 직장 동료가 다국적 제약회사에서 일하다 퇴사하면서 저를 추천한 것입니다. 그 회사는 업계 최고의 연봉과 복지를 자랑하는, 누구나 입사하고 싶어 하는 곳이었습니다. 더구나 전 직장에서 잠시나마 저의 고객사이기도 했습니다. 저에 대한 인상이 나쁘지 않았던 홍보팀장님은 저를 믿고 선택해주었습니다. 그렇게 지인의 도움으로 그 회사 입성에 성공했습니다. 지인의 추천을 받았을 때 스스로를 증명해 기회를 잡는 것, 이것 또한 이직의 기술입니다.

마지막으로 전혀 공통점을 찾을 수 없을 것 같은 두 가지, 이직과 임신은 공통점이 있습니다. 안달복달해서는 되지 않는다는 것입니다. 최선을 다한 후(?) 마음을 비우고 기다려야 합니다. 저 역시 이직이든 임신이든 속을 태울 땐 안 되더니 모든 것을 내려놓았을 때 기회가 왔습니다. 그러니 그대도 이직을 원하고 있다면 현재에 몰입하고 때를 기다리길 바랍니다. 그것이 그대에게 마지막으로 알려주고 싶은 이직의 기술입니다.

회사에서
평생
커리어를
만들어라

3장

사람이
힘겨운
그대에게

'을'로 일하는 게
너무 힘들어요

갑에서 을로 추락했다는 생각에 괴로워하는 과장입니다. 을 회사에서 일하다 보니 업무에 주도권이 없고 고객의 요구에 무조건 맞춰야 하니 그게 너무 힘드네요. 고객들이 저를 함부로 대할 때면 마음에 상처가 나는 건 다반사고요. 10년간 갑 회사에서 경력을 쌓았고 출산과 육아 후 을 회사로 재취업했습니다. 경력 단절이 있었지만 출산 전 경력을 고스란히 인정받았고, 급여나 대우도 전 직장과 다를 바가 없습니다. 탄력근무제도 있고 때로 재택근무도 할 수 있어서 육아에 신경 써야 하는 저에게는 좋은 조건이지만, 자괴감 때문인지 그래도 다시 갑의 위치로 복귀하고 싶네요. 열심히 구직 활동은 하는데, 조건에 맞는 자리를 찾기가 힘듭니다. 어쩌면 좋죠?

을 생활이 서글픈 10년차 박 과장

박 과장님, 갑 회사에서 일하다가 을 생활하려니 힘드시죠. 저도 박 과장님처럼 갑과 을 생활을 다 해봤기 때문에 그 마음 잘 압니다. 그런데 갑으로 가면 상황이 더 나아지지 않을까?라니 너무 단순한 시각입니다. 저는 을에서 갑으로, 또 갑에서 을로도 이동을 해봤어요. 우선 제가 을에서 갑으로 이동한 이야기를 해드릴게요.

홍보회사에서 일하다 제가 담당하던 고객사 홍보팀에 자리가 나서 이동했어요. '아, 나도 이제 갑이 되는 건가?' 하는 기쁜 마음도 들었죠. 저는 그 회사의 홍보대행 업무를 얼마간 해왔기 때문에 회사 내부 사정과 업무 내용을 속속들이 알고 있었지요. 그저 을에서 갑으로 모자만 바꿔 쓰면 되는 상황이었어요. 그래서 편한 마음으로 주위 사람들의 축하를 받으며 이직을 했습니다. 그러나 제가 미처 몰랐던 것이 있더군요. 회사 내부에서도 갑과 을이 존재한다는 사실을요! 홍보팀은 영업과 마케팅을 지원하는 부서잖아요. 지원 부서의 한계를 넘을 수가 없었습니다. 제품 홍보를 하려면 홍보비 예산은 마케팅팀 주머니에서 나와야 하는데 그들을 설득하는 일이 얼마나 힘들던지요. 을로 일할 때 고객사를 상대하는 것보다 더 어려웠어요. 막상 일이 잘 되잖아요? 잘 되면 마케팅팀 공이래요. 잘못 되면 홍보팀이 못해서 그렇다며 저희 탓을 하더라니까요.

그러다 저는 서치펌으로 옮겨 채용 대행 업무를 했습니다. 갑에서 을로 자리를 다시 옮겼지만 마음은 편했답니다. 에이전시에서는 고객사 담당자가 마케터·영업사원이거든요. 고객사를 전담하고 매출을 창출하니까요. 그래서 회사 안에서는 당당하게 일할 수 있습니다. 고객사와의 관계가 좋고 성과가 잘 나오면 독립적이고 주도적으로 일할 수 있도록 지원하는 분위기지요. 그래서 인하우스 홍보팀 시절보다 마음이 편한 면이 있었습니다.

제 주변 목격담도 하나 말씀드릴게요. 같은 회사에서 같은 일을 하고 있는데 전혀 다른 생각을 갖고 있는 두 사람이 있습니다. 경력 8년 차 헤드헌터인 이들은 자신의 위치에 대해 정반대 견해를 보입니다. 백 부장은 자신이 갑도 을도 아닌 '병'의 위치에 있다고 한탄합니다. 채용 의뢰를 받기 위해서는 기업 인사팀 담당자의 비위를 거스르면 안 되고 후보자와도 좋은 관계를 유지하기 위해 노력해야 하니 자신이 병이라는 것입니다. 반면 이 부장은 자신이 '갑'이라고 생각합니다. 채용 담당자는 좋은 후보자를 찾지 못하면 업무 능력을 의심받게 되니 자신에게 잘 보이려 하고, 후보자 역시 좋은 회사의 유망한 포지션에 자신을 추천해주길 원하니 자신을 깍듯하게 대한다는 것입니다. 자, 두 사람의 차이는 무엇일까요?

그것은 바로 업무 전문성의 차이입니다. 위치가 아니라 해당 직무에 대해서 얼마만큼의 경험과 전문성을 가지고 있는가가 관건입니다. 갑의 위치에 있더라도 업무에 대한 이해도가 낮고 실력이 없으면 을에게 휘둘릴 수밖에 없는 '비굴 갑'이 됩니다. 반면 을의 위치에 있더라도 업계 정보와 네트워크를 꿰고 있고 갑의 고민을 척척 해결해줄 정도의 능력이 있다면 갑이 함부로 대할 수 없는

'슈퍼 을'입니다. 이러한 슈퍼 을들은 대부분 갑과 을의 생활을 모두 거친 사람들입니다. 그들은 갑이었기 때문에 고객사 담당자의 애로 사항을 잘 알고 있으며 을의 특성인 헝그리 정신과 승부 근성을 가지고 있습니다. 그들이야말로 진정한 전문가입니다.

박 과장님, 배우 김혜수가 빨간 쫄쫄이 내복을 입고 다리 찢기 춤을 추며 열연했던 〈직장의 신〉이라는 드라마를 본 적이 있나요? 이 드라마에서 김혜수는 계약직 여직원 미스 김에 불과하지만 탁월한 실력으로 무장하여 정규직 직원들도 그녀에게는 쩔쩔 매지요. 그도 그럴 것이 그녀는 124개의 자격증을 소유한 능력자로 정규직 3명분의 일을 소화해내는 그야말로 '슈퍼 을'이니까요. 이 드라마에는 갑이지만 실력이 없어 미스 김에게 의존하는 많은 '비굴 갑'들도 등장합니다. 미스 김은 눈부신 전문성을 무기로 고수익을 창출하면서 자유롭게 일하는 자발적 비정규직인 셈이지요. 그러니 갑에 있느냐 을에 있느냐, 이건 그다지 중요한 문제가 아닙니다.

조금 다른 측면으로 이야기를 해볼까요? 박 과장님도 갑 회사에 있을 때 이런 생각을 했을 거예요. '아, 내가 을 회사에겐 갑이지만, 내가 회사 내 타 부서에겐 을이구나.' 분명 과장님도 타 부서 동료가 억지를 부리거나, 약속을 지키지 않거나, 요청한 자료를 주지 않아 속을 끓이던 날도 있었을 겁니다. 그러니 누구나 갑이기도, 을이기도 합니다.

변화경영사상가 구본형은 당신 서비스의 수혜자들이 당신에게 환호하도록 만들라고 조언합니다. 경쟁력이라는 것은 경쟁자들을 이길 수 있는 힘이 아니라 고객을 위하는 힘이니까요. 당신이 제공하는 서비스의 수혜자들이 당신에게 환호한다면 당신은 진정한 갑이라 할 수 있습니다. 그러니 위치에 연연하지 말고 고객들이 과장님 앞에서 함부로 하지 못할 정도로 실력을 키우세요. 그러면 미스 김처럼 갑이든 을이든 위치에 관계없이 당당한 직장생활을 할 수 있을 겁니다.

상사와의 트러블 때문에
고민입니다

상사 때문에 매일 지옥을 맛보고 있는 부장입니다. 상사는 저에게 이기적이다, 근성이 부족하다, 전략적이지 못하다…… 등등 날마다 비난을 멈추지 않습니다. 그런 말을 들을 때마다 저는 제가 정말로 무능력하고 하찮은 인간인 것만 같아 너무 괴롭습니다. 자신감이 떨어지니 예전보다 실수도 부쩍 늘었고요. 저는 느긋하고 낙천적이란 말을 자주 듣는 편인데, 상사는 저와 정반대거든요. 매사에 철두철미하고 일 처리가 신속 정확한 능력자지요. 제 생각엔 제 능력이 부족하다기 보다는 서로 일하는 스타일이 다를 뿐인데, 상사가 그렇게 몰아붙이고 잔소리와 질책을 쏟아내니 미치겠습니다. 정말 처자식만 아니면 상사 면전에 사표를 내던지고 싶은 마음이 굴뚝같습니다. 어떻게 해야 할까요?

매일 사표 쓰는 제 부장

제 부장님, 정말 괴로우시겠어요. 이직을 희망하는 이들에게 이유를 물어보면 '경력개발'이라는 거창한 명제를 내밀지만, 실상은 인간관계 때문인 경우가 허다합니다. 상사와의 관계 때문에 이직하고 싶다는 답변이 압도적이에요. 제 부장님 혼자만의 문제가 아니니 조금이나마 위안을 받길 바랍니다. 생각해보면 깨어 있는 시간의 대부분을 보내는 곳이 직장이잖아요. 그곳에서 자신을 평가하는 직속 상사와 잘 지내지 못한다면 정말 불행의 먹구름 속을 헤매는 것과 다를 바 없지요. 그렇다면 그런 직장 상사에 어떻게 대처하는 것이 좋을지 함께 생각해볼까요?

《1일 10분 에너지 스쿨》의 저자 존 고든은 에너지 뱀파이어에 대해서 말합니다. 직장인이라면 누구나 한두 명은 마주쳤을 겁니다. 얼굴만 봐도, 잠시 이야기만 나눠도 흡혈귀처럼 에너지를 쏙쏙 빼앗아가는 에너지 뱀파이어. 제 부장님이 마주한 상대는 에너지 뱀파이어 보스입니다. 최악의 상황이죠. 도망칠 수도 없습니다. 상대는 내가 회사에서 하는 일을 토대로 나를 평가하는 보스예요. 도망쳐봐야 내 평가만 낮아질 뿐이죠. 뭐라도 지적했다간 '네가 지금 나를 가르치려 드느냐?'는 소리나 듣기 십상이고요. 그러니 그런 상사를 대할 때는 각별한 주의가 필요합니다.

일을 장악하라

그렇다면 어떻게 해야 할까요? 보다 현실적인 해법을 찾아보지요. 상사와 사이가 좋지 않을 때 가장 먼저 해야 할 일은 '일을 장악하는 것'입니다. 직장인은 일이 기본이고, 일에서 밀리면 설 자리가 없기 때문입니다. 상사와 어떤 관계를 맺고 있든 핵심은 업

112

무 능력이니까요. 일이 바로 좋은 관계의 기본이라는 명료한 직업의식이 필요합니다. 애초에 회사와도 노동력을 제공하고 그 대가를 받기로 계약을 맺었으니까요. 보스는 회사를 대신해서 나를 일, 즉 성과로 평가합니다. 그러니 제 부장님, 일 처리에 더 신경을 써야 합니다. 일을 제대로 하지 못하면서 상사를 욕하는 것은 공부 못하는 학생이 이런저런 변명을 늘어놓는 것과 똑같습니다. 모든 업무를 상사의 관점에서 조망하고 여러 차례 점검하고 최선을 다했음을 팀장에게 인정받는 일이 무엇보다 시급합니다.

적당한 거리를 유지하라

제 2의 자세는 '적당한 거리 유지하기'입니다. 불가근불가원不可近不可遠이란 말이 있습니다. 가깝지도 멀지도 않은 거리를 유지하라는 뜻으로 가까이하고 싶지 않지만 멀어질 수 없는 인간관계에 적용할 수 있습니다. 에너지 뱀파이어와는 적당한 거리를 유지하는 것이 좋습니다. 다음에 소개할 임 과장에게 필요한 자세입니다. 야무지고 꼼꼼한 성격의 임 과장은 일 처리는 흠잡을 데가 없는 사람입니다. 그러나 자신에게 노골적으로 적대감을 표시하는 팀장 때문에 괴롭습니다. 팀장과 잘 지내고 싶어 이런저런 노력도 합니다만 별 효과가 없습니다. 임 과장에게는 이런 말을 들려주고 싶습니다. '직장은 우정을 나누는 곳이 아니라 생존을 나누는 곳이다.' 직장은 살아남기 위해 경쟁해야 하는 곳입니다. 그러니 '그래도 잘 지내야 하지 않을까' 하며 상사에게 모든 것을 맞추려는 생각은 버리세요. 에너지 뱀파이어 보스와는 적당한 거리를 유지하면서 일만 함께 하면 됩니다. 우정은 친구와 나누세요.

보스를 바꿔라

마지막으로 제가 제안하는 방법은 앞의 두 가지가 통하지 않을 때 고려할 수 있는 최후의 수단입니다. 회사 내에서 부서 이동을 하거나 이것도 여의치 않으면 이직해 보스를 바꾸는 것입니다. 이 차장이 그렇게 했지요. 이 차장은 우수한 업무 성과를 인정받아 영업팀을 떠나 마케팅팀 입성의 꿈을 이루었습니다. 하지만 그 기쁨도 잠시, 역량 있는 마케터로서의 성장을 간절히 원하던 이 차장에게 뜻밖의 복병이 나타났습니다. 바로 감정 지능 제로의 직속 상사인 김 팀장. 김 팀장의 업무 능력과 성과는 눈부실 정도입니다. 어느 누구도 이의를 제기하지 않지요. 이 차장 역시 그녀에게 마케터로서 필수적인 지식과 노하우를 많이 배웠습니다. 문제는 그녀가 선천적으로 사람의 감정을 헤아리는 능력이 심각하게 부족하다는 것입니다. 그녀와 일하며 이 차장 역시 마음의 상처를 수없이 받았지요. 결국 이 차장은 영업부로 돌아갔습니다.

사람이 싫은 것에는 이유가 없습니다. 그리고 한 번 싫어지면 그 마음을 되돌리기도 어렵고요. 이런 경우엔 그 사람을 떠나야 끝납니다. 한 번 헤어진 연인은 결국 헤어지기 마련이니 새로운 연인과 새 출발을 하는 것이 좋습니다. 하지만 이것이 진정 근본적인 해결책이 되기는 어렵습니다. 새로운 팀, 새로운 직장에는 에너지 뱀파이어가 없을까요? 그들을 만나면 또 옮겨야 할까요?

저 역시 직장생활을 17년 동안 하면서 많은 보스를 만났습니다. 아직도 연락하며 지내는 보스도 있고 생각만 해도 치가 떨리는 보스도 있습니다. 하지만 이제 저는 인간관계에 대해서 조금 더 여유로워졌습니다. 지금은 에너지 뱀파이어 보스를 만나면 '당신도 참 불쌍한 중생이구려'라는 측은지심이 동합니다. 이렇게 마음을 먹으니 이제 그들과 지내는 것도 그럭저럭 견딜 만합니다. 제 부장님, 인간은 유한한 존재입니다. 언젠가는 한 줌의 재로 사라집니다. 그러니 짧은 시간 서로 연민하고 위로하고 의지하며 살아가는 것은 어떨까요? 그런 마음을 가져보세요. 그러면 에너지 뱀파이어 보스까지도 품을 수 있을 것입니다.

평판조회를 하겠다니
불안합니다

이직 준비 중인 대리입니다. 최근 지원한 회사에 면접을 보러갔더니 평판조회를 하겠다고 하네요. 지금까지 직장생활을 하면서 나름 실력을 인정받았고 사람들과도 원만하게 지내는 편이라 크게 적을 만든 건 아니지만 그래도 은근히 걱정이 됩니다. 면접 자리라서 길게 물어보기 어려워 알았다고 했지만 전 직장 동료들이 무슨 얘기를 할지, 나쁜 결과가 나오지는 않을지 불안합니다. 이직에 대한 비밀 유지를 위해 전 직장 사람들에게만 저의 업무 스타일과 성과 등에 대해 물어보겠다고, 걱정 말라는 이야기도 덧붙였습니다. 도대체 평판조회가 뭔가요? 또한 좋은 평판을 얻기 위해서 놓치지 말아야 할 것은 무엇인가요?

평판 때문에 마음 졸이는 송 대리

송 대리님, 평판조회가 걱정되시는군요. 제가 송 대리님의 궁금증을 확실히 풀어드릴게요. 신문 정치면을 장식하는 단골 메뉴, 혹시 떠오르는 것 있으세요? 네, 맞습니다. 고위공직자들의 인사청문회 기사지요. 청문회에서 의혹을 해명하지 못해 낙마하는 후보자들 기사도 보셨을 겁니다.

대부분의 직장인들은 이런 뉴스는 자신과는 상관없는 먼 나라 이야기로 생각합니다. 하지만 절대 그렇지 않습니다. 모 취업 포털에서 인사 담당자 418명을 대상으로 평판조회에 대해서 조사한 결과, 응답자의 51.4퍼센트가 직원을 채용할 때 평판조회를 한다고 답했습니다. 평판조회를 하는 이유로는 믿을 만한 사람인지 확인하고 싶어서(50.2퍼센트), 업무 능력을 파악하고 싶어서(48.4퍼센트), 상사 및 동료와의 친화력을 확인하기 위해서(44.7퍼센트) 순이었습니다. 한편 평판조회를 하는 방법을 묻자 답변자의 72.1퍼센트가 이전 직장 상사나 인사 담당자와 전화 통화를 한다고 답했습니다. 이제 평판조회는 평범한 직장인도 피해갈 수 없는, 채용 과정에서 당락을 가르는 중요한 관문이 되고 있습니다.

평판조회란 무엇일까요? 평판조회는 좁은 의미로는 고용하고자 하는 사람의 학력 및 경력을 조회·검증하는 것을 말합니다. 하지만 요즘은 넓은 의미로 사용되어 자질이나 인품, 업무 능력과 리더십까지 알아봅니다. 평판조회는 개인정보보호법에 의해 후보자로부터 동의를 받는 것이 원칙입니다. 조회처는 후보자에게 받거나 임의로 선정하는데 주로 중간관리자급 이상의 직원을 채용할 때 많이 활용합니다. 임원이나 대표이사와 같은 포지션은 필수인 경우가 대부분이고요. 몇 가지 사례를 살펴보시죠.

식품회사 영업팀장에 지원했던 정 과장 이야기입니다. 그는 최종 인터뷰까지 최고점을 받은 지원자였습니다. 학력과 경력, 전문성과 경험 등 나무랄 데가 없었지요. 하지만 회사는 그를 선택하길 주저했습니다. 그의 잦은 이직이 문제였지요. 회사는 1~2년을 주기로 옮겨다녔던 그가 이 회사 또한 금세 떠나지 않을까 우려했습니다. 고민하던 인사 담당자는 서치펌에 그에 대한 평판조회를 의뢰했습니다. 평판조회 결과, 그는 업무 능력과 리더십, 전략적 사고 능력과 위기관리 능력이 매우 우수한 인재였습니다. 그래서 주위에서 스카우트 제의가 많았고 이에 응하다 보니 이직이 잦아진 것이었습니다. 이러한 조회 결과를 근거로 회사는 그의 채용을 확정했고 그는 현재 그 회사에서 능력을 인정받으며 장기근속 하고 있습니다.

평판조회 결과가 해피엔딩만 있는 것은 아니에요. 반대의 경우도 있습니다. 김 차장은 모 회사의 IT팀장으로 지원해 대표이사 인터뷰까지 성공적으로 마쳤습니다. 그때 인사 담당자는 회사에 김 차장과 같은 회사에서 일했던 직원이 있다는 사실을 떠올렸고 그에게 김 차장에 대해서 물어보았지요. 놀라지 마세요. 그의 평판은 최악이었습니다. 그는 업무 전문성이 뛰어났지만 야심찬 성취주의자여서 상사들과의 관계에 문제가 많았습니다. 자신보다 업무 능력이 떨어진다 싶으면 상사로 인정하지 않았고 강한 성격 때문에 동료들과 마찰도 심했습니다. 타 부서 사람들은 혀를 내둘렀다고 하네요. 혹시나 해서 세 명에게 더 평판조회를 했지만 결과는 같았습니다. 결국 조직 융화를 중요한 가치로 여기던 회사는 그를 선택하지 않았습니다.

평판조회를 하다 보면 깜짝깜짝 놀라곤 합니다. 특정인에 대한 평판은 조회처가 달라도 대부분 비슷하거든요. 개인적인 취향이나 성향, 관계에 따라 평가가 다를 것 같지만 대개 일관된 메시지가 있습니다. 보는 눈이 비슷하다는 말이 그래서 나왔나 싶을 정도로요. 또 사람들은 평판조회 때 의외로 솔직한 의견을 줍니다. 흔히 지인이나 관계가 좋은 사람에게 평판조회를 부탁하면 좋지 않은 면도 포장해서 잘 말해주리라 생각하지만 실상은 절대 그렇지 않습니다. 완곡한 표현을 쓸지언정 그 사람이 어떤 사람인지는 정확히 얘기해줍니다.

헤드헌터들이 어떤 식으로 평판조회를 하는지 알려드리면 좀 더 궁금증이 풀리시겠죠? 평판조회를 할 때 처음에는 후보자의 업무 스타일이나 성과, 리더십 등에 대해서 질문합니다. 그러면 사람들은 사실 위주의 답변을 합니다. 그러다가 마지막에 회심의 일격을 가합니다. '미래에 기회가 주어진다면 후보자와 다시 일하겠는가?'라고 질문을 던지거든요. 여기에 '그렇다'라고 답하는 사람들은 의외로 많지 않습니다. '그 사람과는 일해봤으니 이제 다른 사람과 일해보고 싶다'라는 답변이라면 그 사람은 다시 함께 일하고 싶은 사람은 아닌 겁니다. 이런 질문도 합니다. '후보자의 성장을 위해 계발이 필요한 부분에 대해서 조언한다면?' 이 질문의 답변에서는 후보자의 단점이나 약점 등의 힌트를 얻을 수 있습니다.

성과뿐 아니라 감정도 관리하라

그렇다면 평판은 어떻게 관리해야 할까요? 성과뿐 아니라 '사람의 감정'도 함께 챙겨야 합니다. 사업부 대표로 거론되던 안 부장은 업무 성과는 훌륭하지만 감정 지능이 부족하다는 평가가 지배적이었어요. 감정 지능은 자신과 집단의 감정을 자각하고 평가 및 관리하는 능력과 기술을 말하는데 소위 성취지향적이고 이성적인 리더들이 자주 놓치는 부분이지요. 지금은 사람의 마음을 사로잡는 리더가 훌륭한 리더로 평가받는 시대입니다.

겸손한 자세로 타인을 배려하라

다음으로는 '상대방에 대한 배려'가 필요합니다. 인간은 타인의 성공에 박수를 보내면서도 '나는 뭐하고 있는 건가' 하는 상대적 박탈감을 느끼는 존재지요. 성과가 뛰어난 사람이 자만하여 주위 사람들을 배려하지 못하면 평판은 더욱 나빠집니다. 심지어 '남의 공 가로채기'식 필살기로 그 자리까지 올라온 사람이라면 더더욱 그렇지요. 광고회사를 거쳐 보험회사 마케팅팀으로 옮겨온 이 팀장은 아는 사람이 더하다 싶게 협력회사 사람들을 쥐어짜는 것으로 악명이 높습니다. 이렇게 적이 많아지면 평판은 저절로 추락합니다. '네가 그 회사에 언제까지 다니나 보자'며 이를 가는 사람도 생깁니다. 반면 같은 길을 걸어온 유 팀장은 회사 바깥의 파트너들을 사려 깊게 배려한 덕에 좋은 성과를 만들어내고 있습니다. 유 팀장이 의뢰한 일이면 파트너들이 조금이라도 더 신경을 써주니까요. 그러니 겸손한 자세로 타인을 배려하는 자세가 그 무엇보다 필요하다고 당부하고 싶네요.

송 대리님, 평판은 조사하면 다 나옵니다. 그러니 단순히 일뿐 아니라 그 일을 함께하는 사람들도 소중하다는 것을 명심하세요. 또한 혼자 빨리 가는 것보다 사람들과 함께 천천히 가는 것이 멀리 가는 비결임을 염두에 두어야 합니다. 유태 격언에는 '평판은 최선의 소개장이다'라는 말이 있습니다. 좋은 평판을 가지고 있는 사람에게는 사람들이 모이기 마련입니다. 그러면 성과도 자연스럽게 따라오겠지요. 송 대리님이 평판조회 단계를 무사히 통과하길 바랄게요.

제 마음에 드는 팀원을
뽑기가 힘듭니다

유능한 팀원을 영입하고 싶은 팀장입니다. 얼마 전 중견 회사의 마케팅 팀장으로 이직했습니다. 그런데 제가 입사하고 나서 팀원 다섯 명 중 세 명이 퇴사했습니다. 저는 우리 팀의 맨파워가 상당히 아쉬웠던 터라 무더기 퇴사가 차라리 잘 된 일이라고 여겼습니다. 이번 기회에 우수한 인력으로 팀을 재구성하면 되니까요. 하지만 지원자를 찾기가 쉽지 않습니다. 팀원 공백이 길어지면서 남은 사람들이 지쳐가고 있다는 것이 가장 큰 문제입니다. 마음이 급해 얼마 전에 지원자 한 명을 인터뷰했는데 그가 진행 중단을 요청했다고 합니다. 제가 마케터로서의 근성을 알아보기 위해서 압박 면접을 했다고 그러나 봅니다. 그런 나약한 인재라면 저도 사양합니다. 이런 상황에서 유능한 인재를 팀원으로 영입하려면 어떻게 해야 할지 조언을 구합니다. **인재를 기다리는 정 팀장**

정 팀장님의 이야기를 듣고 있으니 이 말이 생각납니다. 천상천하 유아독존天上天下唯我獨尊. 그런 정 팀장님이 꼭 알아야 할 것이 있습니다. 불편하더라도 끝까지 들어주길 바랍니다.

　인재 확보 전쟁의 현장에서 일할 때 정 팀장님 같은 천상천하 유아독존인 사람들을 만나곤 했습니다. 사실 그런 사람이 후보자 라면 안 보면 그만입니다. 하지만 면접관이라면 이야기가 달라지 지요. 그런 사람과 함께 일할 사람을 추천해야 하는 상황이니 말 입니다. 홍보팀 이 팀장도 정 팀장님과 비슷한 사람이었어요.

　사실 이 팀장은 업계에서 악명이 자자한 사람입니다. 그녀와 함 께 일하다 퇴사한 최 과장에게 들어보니 그녀는 정말 문제가 많 은 상사더군요. 그녀는 업무 외적인 문제로 팀원들을 쪼아댄다고 합니다. 프로젝트를 성공적으로 마무리한 후 회의실로 불려 들어 간 최 과장은 칭찬은커녕 추궁을 들었답니다. 그녀가 원하는 것은 업무 성과가 아니라 '무조건적인 충성'이었거든요. 모든 팀원들이 '팀장님이 최고십니다!'를 연발하길 바랐어요. 하지만 그건 불가 능하지요. 그녀의 팀원들은 근무한 지 1년이 못 되어 그만두기 일 쑤입니다. 그녀와 면접을 본 후보자들은 이런 말을 하더군요. '면 접 내내 고문을 당하는 느낌이 들어 힘들었습니다. 인격적인 모독 도 서슴지 않더라고요.' 그녀는 지원자가 질문에 대답을 하면 답 변에 꼬투리를 잡아 파고 들어가는 탓에 결국 지원자의 말문이 막 히고 얼굴이 붉어지게 하는 것을 개인기로 여기는 듯했습니다.

말콤 글래드웰이 쓴 《블링크》에는 고소당할 가능성이 높은 의사를 찾아내는 방법에 대한 이야기가 나옵니다. 놀랍게도 가장 효율적인 방법은 과실 기록 분석이 아니라 환자와 나누는 대화를 살펴보는 것이라고 하네요. 의료 사고 소송을 분석해보면, 기술이 뛰어난데도 소송에 시달리는 의사가 있는가 하면, 실수를 많이 해도 전혀 소송을 당하지 않는 의사도 있습니다. 환자들이 소송을 제기하는 기준은 '잘못된 진료에 대한 상해'가 아니라 '개인적으로 의사에게서 받은 대접'이기 때문입니다. 의학자 웬디 레빈슨이 의사들과 환자들 사이의 대화를 분석한 결과에 따르면, 소송을 당한 적이 없는 의사들은 고소 전적이 있는 의사들에 비해, 환자와 함께 있는 시간이 3분 이상 더 길었고(18.3분 대 15분) 환자를 편안하게 배려하는 설명 방식을 즐겨 사용했습니다. 결국 두 의사 그룹 사이에 정보의 양과 질에는 별 차이가 없었지만 정보를 전달하는 태도가 완전히 달랐던 것입니다.

정 팀장님, 글래드웰이 어떤 이야기를 하려 하는지 아시겠어요? 팀장님은 후보자의 위기 대처 능력을 알아보기 위해서 압박 면접을 했다고 하지만 사실 이런 행동으로 당신이 얻을 수 있는 것은 '나쁜 이미지'뿐입니다. 천만다행으로 모욕과 면박을 고스란히 감내하는 후보자를 만나 입사까지 시켰다고 해도 안심할 일은 아닙니다. 필요에 의해 그 자리에 들어간 사람은 원하는 바를 다 이루면 그곳을 떠날 것입니다. 상사에 대한 존경심 없이 오랫동안 묵묵히 일하기는 어려우니까요. 자칫하다간 업계에 소문이 퍼져 정 팀장님 밑으로 들어오려는 사람이 아무도 없을 수도 있어요. 저는 그런 경우를 여럿 보았습니다.

또한 천하에 자기만큼 잘난 사람이 없다는 자만심을 버려야 합니다. 진정한 깨달음을 얻었다는 석가 또한 이 세상 모든 생명이 귀하니 존중받아야 한다고 했습니다. 진정으로 성숙한 사람이라면 다른 사람을 인정하고 배려할 줄 알아야 합니다. 어쭙잖은 자만심을 내려놓지 않고, 무례한 태도를 바꾸지 않는다면 악명만 높아질 뿐입니다. 지금이야 그 자리를 지키고 있지만 언젠가 그곳을 떠나 다른 자리를 알아봐야 할 때면 그 악명이 발목을 잡을 겁니다. 조직에서 천년만년 있을 수 없다는 건 알고 계실 테고요. 사람들은 생각보다 자신이 당한 일을 쉽게 잊지 못합니다. 상황에 맞추느라 넘어갔을 뿐이지 당신의 그런 행동이 정당했던 건 아니거든요.

마지막으로 부하 직원들이 줄줄이 퇴사를 하거나 자주 들락날락한다면 자신에게 문제가 있지 않은가 생각해봐야 합니다. 리더의 평가 기준 중 '부하 직원의 퇴사 빈도'가 있다는 것을 알고 있지요? 아마도 당신의 상사 역시 이 부분을 은근히 신경 쓸 겁니다. 역량 있는 직원이 퇴사하면 회사가 당장 타격을 입고, 신입 직원 교육 및 계발에는 많은 비용과 노력이 들어가기 때문입니다. 또한 직장생활에서 남는 것은 결국 '사람'입니다. 당신이 은퇴한 후에 당신 곁에 남을 사람이 얼마나 될지 지금 진지하게 생각해보기 바랍니다.

그리고 고생하고 있는 팀원들을 생각해주세요. 만들어진 인재가 아니라 성장 가능성이 있는 인재를 키우는 재미도 있지 않겠습니까? 그러니 더 이상 인재를 기다리지 말고 인재를 만드는 일에 얼른 뛰어 들길 바랍니다.

직장에서
제 자신을 지키고 싶어요

직장생활에 회의를 느끼는 30대 회사원입니다. 거절을 잘 못해서 피해를 많이 보는 편이거든요. 한번은 출산휴가를 가는 동료 때문에 그 일까지 떠맡아서 동료가 돌아올 때까지 정말 생고생을 했습니다. 이런 식으로 업무량이 많아져 항상 허덕입니다. 회사도 저에게 부당한 요구를 하더군요. 상급자의 업무 평가를 위해 실적을 부풀리라고요. 그 지시에 따랐다가 결국 제가 된통 곤욕을 치렀습니다. 실적 부풀리기가 회사 전체에 탄로가 난 거지요. 하지만 상사는 미안하다는 말 한마디 없네요. 제가 잘못한 게 아닌데 자꾸 이렇게 억울한 일을 겪다 보니 제가 왜 이러고 있나 싶어요. 직장에서 나를 지키려면 어떻게 해야 할까요?

스트레스 관리가 안 되어 힘겨운 4년차 현주

현주 씨, 직장생활 참 힘겹지요? 저는 17년 동안 직장생활을 했어요. 전직원 다섯 명인 초미니 회사부터 직원 수가 600명이 넘는 큰 회사도, 오너가 직원을 선수라고 부르는 벤처기업부터 월급 사장이 이끄는 다국적 회사의 한국 지사도 다녀봤어요. 에이전시에서 을로도 인하우스에서 갑으로도 일해봤지요. 오랫동안 조직에 몸담으며 느낀 것은 조직은 어디나 비슷한 속성이 있다는 것이었어요. 어느 조직이든 제 실속만 차리는 얌체도 있고 제 밥그릇도 못 챙기는 숙맥도 있어요. 요리조리 피하며 제 자리만 지키려는 이도 있고 남의 잘못까지 뒤집어쓰고 쫓겨나는 이도 있어요. 저 역시 생존의 정글에서 살아남는 것이 참으로 고달프고 힘들었답니다. 현주 씨가 얼마나 힘든 상황인지 짐작이 되고도 남네요. 자, 그럼 이런 상황에서 자신을 지키는 방법에 대해서 알아볼까요?

우선 회사와는 비교도 안될 만큼 끔찍한 나치의 유대인 수용소에서 3년이라는 시간을 보낸 끝에 살아남은 빅터 프랭클의 이야기를 해볼게요. 그는 수용소에서의 체험을 기반으로 정신치료법의 제3학파인 로고테라피를 고안했어요. 인간의 주된 관심이 쾌락을 얻거나 고통을 피하는 데에 있는 것이 아니라 삶에서 의미를 찾는 데 있다는 주장입니다. 프랭클은 절망스러운 상황이나 도저히 피할 수 없는 운명과 마주쳤을 때에도 삶의 의미를 찾을 수 있다는 사실을 잊어서는 안 된다고 강조합니다. 인간은 시련이 닥쳤을 때 잠재력을 최고조로 발휘할 수 있는 존재이기 때문입니다. 물론 피할 수 있는 시련이라면 피하면 됩니다. 불필요한 시련을 견디는 것은 영웅적인 행동이 아니라 그냥 자학에 불과하거든요.

하지만 피할 수 없는 시련을 마주쳤을 때, 프랭클은 인간이 시련을 바꿀 수는 없지만 그에 대한 자신의 태도는 선택할 수 있다고 말합니다. 그러니 시련을 피하는 방법, 시련을 창조적으로 바꾸는 방법 그리고 시련에 대처하는 방법을 마련해두어야겠죠.

자, 직장생활로 돌아와보죠. 일이 자꾸 나한테 몰린다면 기술적으로 거절하는 방법을 생각해봐야 합니다. 직장생활을 하다 보면 살신성인 정신을 강요당합니다. 하지만 하나둘 받아주다 보면 끝이 없죠. 지금 딱 현주 씨의 상황이지요? 조직에는 그런 사람을 이용하는 파렴치한이 반드시 있습니다. 그러니 '안 됩니다'라고 말할 줄 알아야 합니다. 그렇다고 해서 징징대는 사람, 이기적인 사람으로 비추어지는 것도 절대 자신에게 도움이 되지 않으니 완급 조절이 필요합니다. 상사를 찾아가 할 수 없는 이유를 설명하고, 생길 수 있는 부작용과 본업 이외의 일을 함으로써 팀의 성과에도 차질이 생길 수 있음을 설득합니다. 현명한 상사라면 교통정리를 해줄 겁니다. 그게 그들의 일이니까요.

또한 회사가 위법적인 요소가 있는 일을 요구한다면 단칼에 거절하세요. 명확하게 선을 긋는 것이 최선입니다. 요즘이 어떤 세상인가요? 대기업 회장도 감옥에 가는 시대입니다. 상사의 지시에 따랐을 뿐이라도 그것이 범법 행위라면 처벌을 받게 됩니다. 그런 상황이 닥치면 회사는 꼬리를 자를 겁니다. 현주 씨가 상사의 실적을 부풀려줬다고 했지요? 그런 일들이 점점 커지면 정말 나쁜 결과를 초래할 수 있어요. 조직에서 이용당하고 죄까지 뒤집어쓰는 일은 절대 없어야 합니다. 그래도 먹고살려면 어쩔 수 없지 않냐고요? 아니요. 그렇지 않아요. 그런 직장이라면 하루 빨리 뛰쳐나와서 다른 곳을 찾아야 합니다.

하지만 말이 쉽지……. 저도 압니다. 모든 문제에 대해서 이런 태도를 취하기는 어려운 현실이라는 걸요. 스티븐 코비는 그럴 땐 문제를 유형별로 나누고 그에 따라 자신의 태도를 결정하라고 조언합니다. 코비는 '영향력의 원과 관심의 원'을 강조합니다. 주도적인 사람은 자신의 노력을 영향력의 원에 집중합니다. 자신이 직접적으로 통제할 수 있는 일에 집중하여 긍정적, 적극적으로 영향력의 원을 넓힙니다. 반면 반사적인 사람은 자신의 노력을 관심의 원에 집중하죠. 이들은 다른 사람의 약점, 환경상의 문제, 자신이 통제하지 못하는 여건 등에 집중하면서 비난, 책망, 피해의식을 표출합니다. 코비는 '통제할 수 없는' 문제에 관해서는 얼굴에 주름살이 안 생기도록 웃으면서 받아들이고 싫더라도 기꺼이 인정하며 사는 방법을 배우라고 조언합니다. 이렇게 하면 이 같은 문제들이 우리를 방해할 수 없다는 것입니다.

빅터 프랭클은 미래에 대한 기대가 삶의 의지를 불러일으킨다고 말합니다. 그 역시 힘든 상황과 고통을 이기기 위해 강제수용소에서의 심리 상태에 대한 강의를 하고 있는 자신의 모습을 자주 상상했다고 회고했습니다. 그렇게 함으로써 자기 자신과 매일의 문제를 흥미진진한 정신과학의 연구 대상으로 바꾸었다는 것이지요. 현주 씨도 마찬가지예요. 매일 직장에서 벌어지는 사건과 자신의 감정 상태를 객관화해 그것을 기반으로 무엇인가를 하고 있는 미래의 자기 모습을 그려보세요. 그러면 지루한 일상이 소중한 경험으로, 엄청난 가치가 있는 사례 연구로 느껴질 겁니다. 그것이 바로 빅터 프랭클이 말한 '삶이 우리에게 기대하는 것'입니다.

새로 온 상사와
잘 지낼 방법이 궁금합니다

보스 매니지먼트 방법이 궁금한 과장입니다. 최근 회사에서 전략적으로 영입한 임원이 제 상사가 되었습니다. 그분은 업계에서 전설적인 인물로 통합니다. 타의 추종을 불허하는 실력과, 절체절명의 순간에 묘수를 찾아내는 무림의 고수, 실패의 순간에 반전을 만들어 내는 역전의 명수 등등 명성이 자자합니다. 저는 그분이 우리 회사에 잘 적응하여 좋은 성과를 만들 수 있도록 도와드리고 싶습니다. 또한 많은 것을 배우고 싶습니다. 그분과 좋은 관계를 유지하면서 함께 성장하려면 어떻게 해야 할까요?

새로운 보스를 모시게 된 채 과장

채 과장님, 상사와 함께 성장하고 싶다는 바람을 가지고 계시다니 참으로 훌륭합니다. 맞습니다. 상사의 성공이 곧 부하직원의 성공이기도 하지요. 좋은 관계를 유지하면서 상사와 함께 성공하는 법을, 보스 매니지먼트의 고수인 중국의 법가사상가 한비자에게 배워보시죠.

> 대체로 유세의 어려움은 내 지식으로 상대방을 설득시키기 어렵다는 것이 아니고, 내 말솜씨로 뜻을 분명히 밝히기 어렵다는 것도 아니며, 또 내가 감히 해야 할 말을 자유롭게 모두 하기 어렵다는 것도 아니다. 유세의 어려움은 군주라는 상대방의 마음을 잘 파악하여 내 주장을 그 마음에 꼭 들어맞게 하는 데 있다.

한비자가 지은 〈세난說難〉은 이렇게 시작합니다. 그 시절의 군주가 요즘 직장인에게는 보스고, 유세는 보스와 함께 일을 논의해 도모하는 것으로 생각해보시죠. 2천 년 전에 살았던 한비자는 보스 매니지먼트의 핵심, 즉 보스의 마음을 잘 파악하고 자신의 주장을 그의 마음에 들게 하는 것을 정확하게 꿰뚫고 있습니다. 외국인 사장에게 총애를 받고 있는 임 이사의 필살기가 바로 이것입니다. MBA를 마치고 컨설팅회사에서 일하다 지금 회사로 온 그녀는 사장의 요구에 절대 '노'라고 말하지 않습니다. 사장이 허무맹랑한 생각을 하거나 무리한 요구를 할지라도 '방법을 찾아보겠습니다'라고 말합니다. 길어야 2~3년인 임기 내에 괄목할 만한 성과를 내야 하는 사장의 처지를 잘 알고 있기 때문입니다. 그런데 그렇게 일하다 보니 대어가 낚였습니다. 별 기대 없이 연락했던 모 회사 제품의 판권을 획득해 본사로부터 큰 상을 받게 된 것입니다. 그 결과 그녀는 아시아·태평양 지역을 총괄하는 사업 개발 임원으로 영전했습니다. 컨설팅회사에서 일했던 그녀는 고객의 마음을 읽고 그들을 설득하는 방법을 알고 있었습니다. 주특기를 제대로 살려 보스 매니지먼트와 성과라는 두 개의 열매를 따낸 것입니다.

> 유세에서 중요한 것은 상대방의 장점을 아름답게 꾸미고 단점을 덮어 버릴 줄 아는 것이다. 상대방이 자신의 계책을 지혜로운 것으로 여긴다면 지나간 잘못을 꼬집어 궁지로 몰아서는 안 된다. 자신의 결정을 용감한 것이라고 여기면 구태여 반대 의견을 내세워 화나게 해서는 안 된다. 상대방이 자신의 능력을 과장하더라도 그 일의 어려움을 들어 가로막아서는 안 된다.

보스의 장점을 살리고 단점을 덮어주는 것에는 정 이사가 고수입니다. 마케팅 임원인 그는 영업 위주의 경력을 가진 사장의 한계를 기술적으로 덮어줍니다. 마케팅에 대해서 잘 모르는 사장이 실현이 어려운 전략이나 프로그램을 제안해도 '좋은 생각이십니다'라고 말하고 충실히 따릅니다. 영업과 관련한 일은 사장에게 수시로 자문을 구합니다. 영업 전문가로 부하 직원의 인정을 받는다고 느낀 사장은 그에게 우호적일 수밖에 없습니다. 정 이사는 또한 영어에 자신이 없는 사장을 위해 외국에서 손님이 오면 그를 대신해 발표도 하고 의전도 합니다. 그는 보스 매니지먼트를 제대로 하고 있습니다. 그 결과 정 이사는 사장의 충실한 참모이자 오른팔이라는 평가를 듣고 있습니다.

한비자가 말하는 보스 매니지먼트의 결론은 '용의 비늘을 건드리지 말라'로 요약할 수 있습니다. 〈세난〉의 마지막은 다음과 같습니다.

> 군주에게 총애를 받을 때에는 지혜가 군주의 마음에 든다고 하여 더욱 친밀해지고, 군주에게 미움을 받을 때에는 죄를 짓는다고 하여 더욱더 멀어지는 것이다. 따라서 군주에게 간언하고 유세하는 자는 군주가 자기를 사랑하는가 미워하는가를 살펴본 다음에 유세해야 한다. 용이라는 동물을 잘 길들이면 그 등에 탈 수도 있으나, 그 목덜미 아래에 거꾸로 난 한 사 길이의 비늘(역린)이 있어 이것을 건드린 사람은 죽는다고 한다. 군주에게도 거꾸로 난 비늘이 있으니, 유세하는 사람이 군주의 거꾸로 난 비늘을 건드리지 않으면 거의 성공적인 유세라고 할 수 있을 것이다.

경영 컨설턴트 한근태는 자신의 책 《말은 임팩트다》에서 리더가 반대 의견을 어떻게 수용하는지에 따라 조직이 엄청나게 영향을 받는다고 강조합니다. 하수는 반대 의견을 부정하고 고수는 수용하는데 이러한 태도가 조직원들의 입을 닫게도, 열게도 하기 때문입니다. 그가 예로 든 고수, IBM 창업자 토머스 왓슨의 말을 들어보시죠. '내가 싫어하는 사람을 승진시키는 걸 주저하지 않았다. 오히려 뭐가 사실인지 말하는 반항적이고, 고집 센, 참을 수 없는 타입의 사람을 항상 고대했다. 만약 우리에게 그런 사람들이 많고 이들을 참아낼 인내가 있다면 그 기업에는 한계가 없다.' 하지만 기대 마세요. 이런 보스는 그야말로 가뭄에 콩 나듯 있을까 말까입니다. 대부분의 보스는 나와 비슷한 속 좁은 인간일 뿐입니다. 그래서 저는 이렇게 조언을 드리고 싶습니다.

채 과장님, 일단 자신의 보스가 어떤 사람인지 잘 살피세요. 의견을 말할 때는 그의 마음에 꼭 들어맞게 해야 합니다. 장점을 칭찬하고 단점을 덮어주어 신뢰를 쌓아야 합니다. 보스에게 어떤 말을 할 때에는 자신에 대한 감정 계좌의 잔고를 확인해봐야 합니다. 만약 잔고가 두둑하다면 충심 어린 조언도 가능할 것입니다. 보스가 기꺼이 받아들여줄 테니까요. 그렇지 않다면 참아야 합니다. 그리고 함께 일하는 동안 보스의 치명적인 약점은 절대로 건드려서는 안 됩니다. 그건 그와 일하는 마지막 날이 될 것임을 각오하고 할 일입니다.

직장인의 비애는 보스를 선택할 수 없다는 것입니다. 마음을 다해 존경할 수 없는 보스의 비위를 맞추는 일은 고역이지요. 하지만 그 또한 치명적 약점을 감추고 사는 유약한 인간이라 생각하면 조금은 위안이 될까요? 어쨌거나 보스의 역린은 절대로 건드리지 말기 바랍니다.

초보 팀장인데
팀원들이랑 어떻게 지내야 할까요

팀원들과 함께 일하는 방법을 고민 중인 3개월차 초보 팀장입니다. 지난 10년 동안 일에 모든 것을 건 결과 30대 중반에 팀장이 되었습니다. 발령을 받고 날아갈 듯 기뻤지만 승진의 기쁨은 잠깐이었습니다. 혼자가 아니라 팀원들과 함께 성과를 만들어내야 하는데 팀원들은 제 마음 같지 않더군요. 이리저리 핑계를 대면서 일을 미루는 팀원도 있고 일 욕심이라곤 손톱만큼도 없는 팀원도 있습니다. 이런 사람들을 끌고 갈 생각을 하니 한숨이 나옵니다. 어쩌면 좋죠?   더 잘하고 싶은 성 팀장

성 팀장님, 고민이 많으시겠어요. 정말 잘하고 싶은데 생각대로 되지 않아 답답한 팀장님의 마음이 고스란히 느껴집니다. 사

실 많은 초보팀장들이 성 팀장님과 비슷한 고민을 털어놓습니다. 팀원일 때는 무능한 팀장을 보면서 '나라면 저렇게 하지 않을 텐데……' 했던 이들이, 팀장이 되고 나서는 예전 팀장의 마음을 조금씩 이해하게 되는 것이지요. 어쩌면 혼자 일하는 것이 제일 속 편한지도 몰라요. 가끔 '에이, 차라리 내가 하고 말지' 하는 생각을 하곤 하지요? 하지만 혼자 하는 일에는 한계가 있기 마련입니다. 그래서 조직은 팀으로 일하며 성과를 내길 원하는 것입니다. 성 팀장님, 이제 시작입니다. 혼자가 아닌 팀으로써 일하고 성과를 내는 것 말입니다. 그럼 성 팀장님이 무엇부터 해야 하는지 살펴볼까요?

서로를 아는 것이 급선무

초보 팀장이 해야 할 최우선 과제는 팀원들을 제대로 파악하는 일입니다. 이를 위한 가장 고전적인 방법은 면담입니다. 하지만 면담은 일방적인 훈시가 되기 십상입니다. 팀원들 또한 팀장을 제대로 파악하지 못한 상황에서 속 이야기를 꺼내놓지 않습니다. 그러니 피상적인 소통이 되는 경우가 많지요. 그렇다면 어떻게 해야 할까요?

우선 팀원들이 어떤 삶을 살아왔는지 알아보는 방법부터 살펴보죠.

처음에 소개할 것은 '라이프 사이클 그리기 기법'인데요, 큰 종이에 가로축은 자신의 나이를, 세로축은 삶의 만족도를 눈금으로 표기합니다. 여기에 살아오면서 있었던 사건들을 점으로 표기하고 이를 연결하면 삶의 업과 다운을 보여주는 그래프가 완성됩니다. 살면서 있었던 긍정적 또는 부정적 경험들이 삶에 어떤 영향을 미쳤는지 생각해보는 방법이지요.

다음은 팀원들의 강점을 파악하는 방법입니다. 효율적인 업무 분담을 위해서는 팀원들의 강점을 파악하는 것이 무엇보다 중요하겠지요? 스트렝스파인더는 세계적인 리서치 회사인 갤럽에서 30년 동안 다양한 직종에 종사하는 200만 명을 인터뷰한 결과를 바탕으로 개발한 재능과 강점 발견 프로그램입니다. 이 검사는 응답자의 답변을 분석해 주요한 행동패턴을 파악하고, 강점이 될 가능성이 높은 5가지 테마를 알려주어 유용합니다.

마지막으로 '가치관 경매 게임'이란 것이 있습니다. 한정된 재화를 가지고 어떤 가치에 투자하는지 관찰하면서 개인의 삶의 우선순위를 파악할 수 있습니다. 이런 활동은 팀원들이 함께 모여 하는 것이 좋습니다. 워크숍과 같은 뭉텅이 시간을 마련해 함께 참여하면 서로를 이해하는 데 큰 도움이 됩니다.

그들을 움직이는 핫 버튼을 눌러라

중견 화장품회사의 영업팀장으로 일하는 이 팀장 이야기를 해볼게요. 그녀 역시 젊은 나이에 능력을 인정받아 팀장이 되었어요. 아이 둘을 키우며 쉬지 않고 직장생활을 이어온 그녀는 그 누구보다 일 욕심이 많은 사람이지요. 그녀가 팀장으로 부임했을 때 팀원들은 '이제 우린 다 죽었다(?)'며 공포에 떨었다는 소문입니다. 그도 그럴 것이 그녀는 하루에 네다섯 시간만 자면서 완벽한 엄마와 직장인의 모습을 유지하는 사람이거든요. 이 팀장 역시 처음 팀원들을 만났을 때 막막했다고 합니다. 그녀의 팀에는 그녀보다 나이가 많은 남자 팀원 김 차장, 그녀와 나이는 비슷하지만 미혼인 여자 팀원 최 과장, 그녀보다 나이가 어린, 젖먹이 아이를 키우는 여자 팀원 박 대리, 그리고 남자 신입사원 둘이 있었습니다. 그녀는 어떻게 팀원들을 움직이게 했을까요?

이 팀장은 그들을 움직이는 핫 버튼이 무엇인지 고민했습니다. 그녀는 일을 통해 자신의 존재를 확인하고 능력을 인정받으며 성취감을 느껴왔습니다. 새로운 일에 대한 도전과 성취가 그녀의 핫 버튼인 셈이지요. 하지만 팀원들을 그렇지 않았습니다. 그녀는 팀원들이 각기 다른 핫 버튼을 가지고 있다는 사실에 놀랐죠.

자신보다 나이 어린 팀장을 모시게 된 김 차장은 다소 위축되어 있었다고 하네요. 그래서 이 팀장은 그를 최대한 존중하며 팀의 이런저런 사안에 대해서 그에게 조언을 구하곤 했습니다. 또한 꼼꼼하고 치밀한 성격적 강점을 발휘할 수 있도록 기존 고객들을 관리하고 산업 경향을 분석하는 업무를 맡겼습니다. 최 과장은 상당한 야심가지만 능력에 비해 제대로 인정받지 못한다는 피해 의식을 가지고 있었습니다. 그래서 소극적으로 행동했던 것이지요. 행동주의자이며 성취주의자인 그녀의 강점을 발휘할 수 있도록 최 과장에게는 새로운 고객을 발굴하는 일을 맡겼습니다. 일에 최대한의 재량권을 주고 창의성을 발휘할 수 있도록 지원했습니다. 워킹맘 박 대리는 일과 삶의 균형을 중요한 가치로 생각하는 사람이었습니다. 또한 전면에 나서기 보다는 뒤에서 다른 사람을 보조하는 강점을 가진 사람이었습니다. 이 팀장은 최 과장과 박 대리가 팀을 이루어 신규 고객을 개발하고 매출을 일으키는 일을 맡겼습니다. 서로 시너지 효과를 만들어낼 수 있도록요. 나머지 두 신입사원들은 배움과 성장에 대한 욕구가 큰 사람들이라 사내외 교육에 적극적으로 참여하고 많은 프로젝트 경험을 쌓을 수 있도록 배려했습니다.

함께 하거나, 떠나보내거나

하지만 이 팀장과 같은 아름다운 이야기만 있는 것은 아닙니다. 아무리 노력해도 마음을 맞추어 일하기 힘든 사람은 떠나보낼 줄도 알아야 합니다. 건설회사 설계팀의 채 팀장은 얼마 전 팀원 박 대리를 내보냈습니다. 박 대리는 업무 능력이 출중한 팀원이었습니다. 하지만 팀원들과 자주 갈등을 일으켰습니다. 독선적이고 안하무인인 성격 탓에 팀 분위기는 종종 엉망이 되곤 했습니다. 채 팀장은 박 대리를 불러 여러 번 타일렀습니다. 일은 함께 하는 것이니 팀원들을 존중하고 함께 성과를 내라고요. 하지만 박 대리는 귀 기울여 듣지 않았습니다. 앞에서는 알겠다고 했지만 그의 태도는 변하지 않았습니다. 급기야 팀원 모두가 그와 더 이상 함께 일하지 못하겠다고 선언하는 날이 오고 말았습니다. 결국 채 팀장은 결단을 내렸습니다. 박 대리에 대해서 윗선에 보고하고 더 이상 함께 일할 수 없다고 최후통첩을 한 것입니다.

바람직한 이별의 사례도 있습니다. 보험회사 마케팅팀에서 일하는 곽 팀장은 팀원들이 더 나은 기회를 잡을 수 있도록 적극 밀어주는 사람입니다. 그는 회사에 영업지원팀이 신설되자 팀원인 홍 차장을 팀장으로 추천했습니다. 곽 팀장은 홍 차장이 적임자라 생각했거든요. 마케팅팀에서의 실무 경험과 그의 세심한 관리 능력을 합친다면 그보다 그 일을 더 잘해낼 사람은 없어 보였지요. 곽 팀장은 상사를 찾아가 홍 차장을 적극 추천했습니다. 그리고 홍 차장에게도 기회를 잡으라고 독려했습니다. 그 결과 홍 차장은 신임 팀장으로 발령받아 새로운 일에 푹 빠져 지내고 있습니다. 곽 팀장은 팀원들의 성장을 돕고 그들이 성장하는 모습을 바라보는 것이 뿌듯한 일임을 알게 되었다고 하네요.

성 팀장님, 이제 어떤 일을 해야 하는지 알겠지요? 팀장님이 해야 할 가장 중요한 일은 팀원들이 내 마음 같지 않다는 사실을 인정하는 일입니다. 팀원들 모두 각기 다른 가치관과 강점을 가진 존재입니다. 그들이 각자의 능력을 발휘하며 일하며 자신의 성장과 발전을 도모하도록 돕는 것이 바로 팀장님이 해야 할 일입니다. 그러니 조금 늦는다고 너무 조급해하지는 마세요. 원래 함께 가려면 시간이 필요하기 마련이죠. 하지만 혼자 가는 것보다 멀리 갈 수 있을 겁니다. 그러니 조급함은 내려놓고 함께 걷는 즐거움을 만끽하길 바랍니다. 행운을 빌게요.

인과응보,
나와 똑같은 인간

나는 인복이 많은 사람입니다. 지금까지 직장생활을 하면서 어려운 순간마다 짠, 하고 나타나 도움의 손길을 내미는 사람이 있었습니다. 그래서 그럭저럭 잘해올 수 있었습니다. 하지만 사람 때문에 힘겨운 시간도 있었습니다. 부끄럽지만 그 이야기를 해보려 합니다.

그는 상당한 능력자였습니다. 관련 업무를 수년간 해온 덕에 탁월한 전문성과 풍부한 경험의 갑옷을 입고 있었습니다. 또한 동물적인 감각으로 핵심 권력을 가진 이를 알아차리고 처신하는 덕에 윗사람들의 인정도 받고 있었습니다. 누가 봐도 그는 차기 팀장이었습니다. 그 역시 팀장으로 승진하길 기대했을 것입니다. 그런데 저 같은 애송이가 낙하산으로 팀장이 되었으니 못마땅했겠지요. 그는 제 지시 사항을 노골적으로 무시했습니다. 왜 하지 않았느냐 물어보면 어찌해야 할지 몰랐다고 했습니다. 수년간 이 일을 해온 사람이 모르다니요? 정말 몰랐다면 물어봤어야지요. 그는 무능한 팀장의 권위 따위는 가뿐히 무시하는 인간이었습니다. 저는 어쭙잖은 권위로 그를 누르려 했고 그는 전혀 굴하지 않았습니다. 그와 저는 만날 수 없는 평행선을 달리는 두 점 같았습니다.

돌이켜보니 저는 나와 똑같은 인간이었습니다. 저는 제가 가진 손바닥만 한 재주로 성공의 사다리를 끝까지 오를 수 있다 믿었습니다. 능력이 전부다 생각하여 무능한 사람을 무시하는 무뢰한이었습니다. 상사라 할지라도 재주가 저보다 못하다 싶으면 마음 속 깊은 곳에서는 그를 인정하지 않았습니다. 남들의 이른 출세에 아부하여 그리 되었다 은근히 비꼬았습니다. 그러다 저와 똑같은 인간을 만나 제대로 당한 것이었습니다. 인과응보였습니다.

저는 빨리 오르기만 하면 된다고 여겼습니다. 인생은 '더 멀리, 더 높이, 더 빨리!'를 외치며 뛰는 경주라고 생각했습니다. 그저 빠른 길을 따라 갔습니다. 그러니 실력으로 승부할 수 없었던 낙하산 팀장은 터줏대감 팀원에게 휘둘릴 수밖에 없었습니다. 초보 팀장이었던 저는 리더십이 부족하다는 평가를 피해갈 수 없었습니다.

제가 힘겨운 시간을 보냈던 이유는 '사람'의 문제도 있었지만 '일' 역시 문제였습니다. 어떻게든 빨리 승진해야겠다는 생각으로 잘 알지 못하는 일에 뛰어들었는데 그 일 역시 잘할 수 있는 일이 아니었습니다.

이제와 생각합니다. 그때 어떻게 해야 했을까? 승진에 눈이 멀어 잘하지 못하는 일에 뛰어 들지 말아야 했습니다. 에너지 뱀파이어 보스에 대응하는 제1의 자세가 '일을 장악하라'이듯 에너지 뱀파이어 부하직원을 대할 때도 일에서 밀려서는 안 됩니다. 또한 더 겸손해야 했습니다. 제 부족함을 인정하고 낮은 자세로 배우며 그가 저를 인정할 때까지 인내심을 가지고 기다려야 했습니다. 일도 못하고 성격까지 급한 보스는 최악이니까요.

그는 제게 거울과 같은 존재였습니다. 그와 함께 일하며 능력뿐 아니라 태도 역시 중요함을 알게 되었습니다. 능력이 조금 부족하더라도 배우려는 자세로 임하는 사람에게 더 마음이 간다는 것을 알게 되었습니다. 당시에는 괴로웠지만 그 덕분에 삶의 전환점을 앞당길 수 있었습니다. 많은 시간이 지난 지금에서야 그에 대한 미움을 비워냅니다. 그리고 감사의 말을 전합니다.

회사에서
평생
커리어를
만들어라

4장

일이
그대를
구원해주리니

MBA는
필수 아닌가요?

MBA를 고민하는 과장입니다. 얼마 전 정기 승진에서 누락되는 일생일대의 치욕을 겪었습니다. 내 능력을 인정해주지 않는 조직을 과감히 떠나리라 결심하고 이직을 알아보고 있는데 쉽지 않습니다. 그래서 MBA가 제 인생의 전환점이 될 수 있지 않을까 고민하고 있습니다. 하지만 알아보니 이 또한 쉬운 일이 아니더군요. 수업료도 만만치가 않고 학위를 가진 사람들이 너무 많아서 투자 대비 얻는 게 없다는 말도 많이 들었습니다. 그래도 나중에 임원이 되려면 MBA는 필수라고 말하는 사람들도 있고요. MBA, 정말 투자할 만할까요? 제 삶을 업그레이드해줄 수 있을까요?

날개가 필요한 김 과장

김 과장님, 우선 심심한 위로를 전합니다. 승진 누락에 이어 이직에서도 기회를 잡지 못하고 있다니 안타깝습니다. 김 과장님 같은 분들에게 저는 이런 질문을 정말, 아주 많이 들었습니다. 많은 직장인들이 자신의 학력을 업그레이드하면 이직이나 승진을 조금 더 쉽게 할 수 있으리라 생각합니다. 물가 인플레이션뿐 아니라 학력 인플레이션도 심각한 이 땅의 직장인들, 뭐라도 하지 않으면 불안합니다. 남에게 뒤떨어지지 않기 위해서 대학원에 진학하고, 학위를 따고, 해외로 유학을 갑니다. 그런데 학위가 정말 경력계발에 도움이 될까요?

저는 직업상 많은 사람들의 이력서를 살펴보았습니다. 요즘은 학력난이 한 줄로 끝나는 사람이 거의 없습니다. 젊은 구직자들의 이력서에는 해외 어학연수가, 중년 구직자들은 대학원 이력이 많이 보입니다. 해외 어학연수는 캐나다나 호주의 워킹 홀리데이 프로그램이나 대학 부설 어학 코스를 밟은 사람들이 많지요. 대학원은 크게 해외파와 국내파로 나뉩니다. 해외파는 대학 졸업 후 바로 유학을 간 경우도 있고 직장생활을 몇 년 하다가 과정을 밟은 경우도 있습니다. 분야는 다양합니다. 영업·마케팅, 재무·회계직은 MBA, 홍보직은 언론홍보대학원, 인사직은 기업 교육 등의 HR 전문대학원을 선호합니다. 국내 대학원의 경우 직장과 학업을 병행할 수 있어 많은 이들이 선호합니다.

김 과장님, 학력 업그레이드를 통한 한 방(?)을 생각한다면 다음 사항을 진지하게 고민한 후 결정하기 바랍니다.

첫째, 학위는 요술방망이가 아닙니다. 많은 사람들이 학위를 따면 단숨에 엄청난 도약을 이루리라 생각합니다. 친구, 동창, 아는 형님, 사돈의 팔촌을 거론하며 정말 별 볼일 없던 사람인데 MBA를 하고서 억대 연봉을 벌고 있다며 자신도 돈과 시간만 있으면 그들처럼 될 수 있다고 침을 튀기며 말합니다. 정말 MBA를 하면 억대 연봉을 받을 수 있을까요? 절대 아닙니다. 일하면서 많은 MBA 학위 소지자를 만나봤지만 그들 중 고액 연봉자는 정말 손에 꼽을 정도였고, 그들 대부분은 MBA 학위 취득 전에도 훌륭한 경력을 쌓았고 컨설팅회사 같은 곳에서 살인적인 업무 강도를 이겨내며 일하는 사람들이었습니다. 단언컨대 취업 현장에서는 학위보다 실무 능력과 경험이 우선입니다. 물론 같은 실무 능력을 가진 사람이라면 학위 소지자가 더 경쟁력이 있을 수 있습니다. 하지만 회사에서 무게를 두는 것은 학위보다는 실무 능력이라는 것을 잊지 마세요.

둘째, 학위 취득 타이밍을 고려해야 합니다. 가끔 화려한 국내외 학위로 무장한 고령 구직자를 만나곤 합니다. 이들은 자신의 부족함을 너무 잘 알아 끊임없이 공부하고 준비한 사람들입니다. 그야말로 강의 듣다 끝나는 인생이지요. 이들은 수년 동안 이런저런 학위를 따고 이제, 드디어, 마침내 준비가 되었다고 생각해 도전합니다. 하지만 때는 이미 늦은 경우가 많습니다. 30대 중반의 준현 씨가 그런 경우입니다. 그는 대학원을 졸업한 후 취업 시장의 문을 처음 두드렸습니다. 하지만 번번이 탈락의 고배를 마셨고 외국에서 박사학위를 받아오면 취업이 쉬울 거라 생각했습니다. 막대한 시간과 노력, 비용을 투자해서 박사학위를 땄지만 한국에 돌아와서 크게 쓸모가 없었습니다. 나이는 많은데 경력이 하나도 없으니 당연한 결과입니다. 과장님도 아시겠지만 조직들이 점점 더 젊어지고 있습니다. 요즘은 30대 임원들도 즐비한 시대입니다. 직장 경력이 전무하면서 학위만 여러 개 가지고 있는 후보자는 이러한 조직에 뚫고 들어갈 방법이 없습니다. 공부는 일하다가 나중에 해도 늦지 않습니다. 우선은 경험과 전문성을 쌓는 것이 급선무입니다.

셋째, 진로를 결정한 후 학위를 선택해야 합니다. 직장인들 중에 자신의 커리어 패스(경력개발 경로)에 대해서 진지하게 고민하는 사람은 의외로 많지 않습니다. 그냥 기회가 오는 대로 덥석 잡아버리거나, 자신의 적성이나 강점과 상관없이 사람들이 유망하다고 말하는 분야로 불나방처럼 뛰어드는 경우가 많습니다. 또한 학위가 언젠가는 도움이 되겠지 하는 막연한 생각에 만만하거나 인기가 많은 학위를 따놓습니다. 하지만 학위는 현업에서 쌓은 전문성을 학문적으로 보강하는 역할이면 충분합니다. 진정한 경험을 쌓으려면 학교를 벗어나 현장에서 일해봐야 합니다. 따라서 자신의 강점이 무엇인지를 알고, 궁극적인 경력개발 계획을 세운 후 관련 학위를 취득하기를 권합니다.

서치펌 커리어케어의 베테랑 헤드헌터 이현승 이사는 학위는 집을 짓는 것으로 비유하면 주춧돌로 생각해야 한다고 조언합니다. "주춧돌이 잘 놓여 있어야 집이 탄탄할 겁니다. 하지만 주춧돌만 그득하고 뼈대와 지붕이 없는 집은 집으로서의 기능을 기대할 수 없습니다. 현장에서 업무 전문성을 쌓고 이를 강화할 수 있는 공부를 하는 것이 효율적입니다. 전문성을 인정받은 직원은 회사의 지원을 받으며 공부하는 기회를 잡기도 합니다."

김 과장님, 중요한 것은 학위가 아니라 전문성입니다. 이력서에 적을 수 있는 몇 줄이 아니라 진정으로 자신의 경력 가치를 높일 수 있는 일에 집중하길 권합니다. MBA를 한다고 해서 인생 역전이 일어나거나 모두에게 환영받는 인재로 변신하리라 생각하지 마세요. 자신의 경력계발 계획에 대해서 진지하게 고민하고 나서 MBA 진학 여부를 결정하기 바랍니다. 만약 진학을 결정했다면 학비와 생활비 등의 비용을 어떻게 충당할 것인지에 대해서도 구체적으로 생각해야 합니다. 김 과장님의 현명한 결정을 기대합니다.

스펙 때문에 번번이 탈락해
울적합니다

스펙이 좋지 않아 이직이 어려운 직장인입니다. 얼마 전부터 이직을 하려고 기회를 엿보고 있는데 번번이 탈락하여 울적하네요. 저는 내세울 것이 별로 없습니다. 남들이 알아주지 않는 지방대 출신이고 대학 졸업 후에도 작은 회사에서 경력을 쌓았습니다. 집안이 어려워 그 흔한 어학연수도 못 갔고 대학원 진학도 엄두를 낼 수 없었습니다. 그래도 저는 제 일에 자부심을 가지고 있습니다. 바닥부터 시작해 실무 경험을 차근차근 쌓았기 때문에 어떤 일을 맡겨도 잘해낼 자신이 있습니다. 문제는 그런 제 마음을 면접관들이 몰라준다는 겁니다. 대부분의 회사들이 사람을 스펙으로 평가한다는 생각을 떨쳐버리기 힘듭니다. 이런 상황에서 저는 어떻게 제 길을 찾아가야 할까요?
한없이 작아지고 있는 회계팀 남 대리

남 대리님, 정말 속상하시겠어요. 제가 남 대리님에게 들려주고 싶은 이야기가 있어요. 구직현장에서 만난 분들 이야기를 듣다 보면 아마 방향이 잡힐 겁니다.

저는 직업상 많은 사람들을 만납니다. 사람을 만날 때는 그 사람의 이력, 생김새와 몸짓, 그리고 하는 말을 종합해 그가 어떤 사람인지 판단하곤 합니다. 헤드헌터로 일할 때는 회사와 구직자간의 궁합을 생각하며 일했습니다. 서로에게 맞는 자리가 있고 그렇지 않은 자리가 있으니 중간에서 다리를 놓는 사람은 서로를 제대로 파악해 소개해야 하기 때문입니다. 회사가 원하는 경력과 인재상, 직무에 적합한 성격과 성향, 그리고 상사와의 궁합을 살피면 백발백중은 아니더라도 어느 정도의 예상은 맞아 들어갑니다.

서류상으로 만난 황 부장은 황홀 그 자체였습니다. 명문대 졸업 후 미국으로 건너가 아이비리그 대학에서 석사와 박사학위를 취득한 그는 외국계 컨설팅회사와 유명 경제연구소에서 눈부신 경력을 쌓았습니다. 수려한 외모 덕에 언론에도 자주 등장하면서 스포트라이트도 받았지요. 인터넷 기사에서 찾은 그의 사진은 중년 엄친아의 표준답게 지적인 포스를 폴폴 풍겼습니다. 저는 그를 모 회사의 전략기획팀장으로 추천했습니다. 추천한 지 얼마 되지 않아 회사에서도 그의 이력에 큰 관심을 보이며 만나고 싶다는 의사를 전해왔습니다. 마침내 미팅룸에서 마주한 그는 예상대로 멋있었습니다. 수려한 그의 용모에 절로 흐뭇한 미소가 지어졌지요.

하지만 환상은 그와 이야기를 나누면서 산산이 조각났습니다.

세련된 외모와 달리 그의 말에는 투박한 사투리 억양이 묻어났고 비속어까지 섞여 있었습니다. 더욱이 그의 대답에는 경험과 전문성을 입증할 수 있는 콘텐츠가 없었습니다. 면접 자리에서 그가 답해야 할 질문들, 예를 들면, 왜 이 직무에 지원했는지, 입사 후엔 어떤 기여를 할 수 있는지, 국내외 상황을 종합적으로 판단할 때 해당 산업은 어떻게 변화할 것이고 회사는 이에 어떻게 대응해야 하는지에 대해서 그는 두루뭉술한 대답만 늘어놓았습니다. 그와 이야기를 하고 있자니 그가 정말 아이비리그 박사학위 소지자이고 유수의 회사에서 일했던 사람인지 의심이 갈 정도였습니다. 미팅을 끝내며 저는 그에게 심각한 얼굴로 말했습니다. 면접 전에 각각의 예상 질문에 대해서 예리하고 통찰력 있는 답변을 준비해야 한다고 말입니다. 결과는 어떻게 되었을까요? 네, 예상한 그대로입니다. 그는 탈락했습니다. 스펙은 화려하나 해당 산업에 대한 이해도가 낮고 전략가로서의 역량을 보여주지 못했기 때문입니다.

반면 천 과장은 그 반대였습니다. 그녀의 스펙은 남 대리님처럼 소박하기 그지없지요. 경기도에 위치한 대학을 졸업한 그녀는 작은 무역 회사에 입사했습니다. 주류 제품을 수입하는 회사였는데 그곳에서 물류 전문가의 기반을 닦았습니다. 이후 그녀는 외국계 유통회사로 옮겨갔습니다. 전 직원이 10명도 안 되는 미니 회사였지만 5년 넘게 그 회사에서 일하면서 다양한 업무를 경험했습니다. 서류상으로 보면 그녀가 강력한 후보자가 될 가능성은 매우 낮아 보였습니다. 하지만 제 생각은 그녀와 이야기를 나누면서 180도 바뀌었습니다. 미팅룸에서 만난 그녀는 30대 후반의 호리호리한 여자였습니다. 아이가 둘 있다는 그녀의 체격은 크지 않았지만 제법 단단해 보였습니다. 호감은 이야기를 나누면서 감탄으로 변해갔습니다. 물류 담당자인 그녀는 진정한 전문가로 불려도 전혀 부족하지 않은 사람이었습니다. 다양한 회사에서 물류 업무를 하면서 제품 발주, 파트너들과의 커뮤니케이션, 통관 업무, 창고 관리 등 자신이 해야 할 업무를 제대로 파악하고 있었습니다. 더구나 주로 작은 조직, 터프한 환경에서 일했기 때문에 주인 의식과 헝그리 정신으로 무장한 인재였습니다. 미팅을 마치고 나니 저는 이 사람이야말로 그 자리의 적임자라는 확신이 들었습니다. 결과가 궁금하시죠? 예상대로 그녀는 인터뷰를 속전속결로 해치우고 평판조회까지 통과하여 입사에 성공했습니다. 현재는 회사에서 능력 있는 인재로 인정받으며 일하고 있답니다.

관상가들은 타고난 관상은 바꿀 수 없다고 말합니다. 허영만의 만화 《꼴》의 감수자이자 작중 인물인 관상가 신기원은 성형수술을 한다 해도 관상은 절대 바뀌지 않는다고 단언합니다. 구직 현장에서도 마찬가지입니다. 학력과 경력을 바꿀 수 없습니다. 작은 회사에서 쌓은 이력도 바꿀 수 없습니다. 하지만 면접 현장에서 자신의 가능성과 전문성, 직무에 대한 열정과 포부를 적극적으로 어필한다면 당락이 바뀔 수 있습니다. 그러니 학력과 경력이 보잘

것없다고 한탄만 하고 있을 필요는 없습니다.

　마지막으로 남 대리님, 어떤 회사에 지원했는지는 모르지만 구직 전략을 잘 세우는 것도 중요합니다. 남 대리님 같은 스펙이라면 배경보다는 능력 위주로 인재를 등용하는 곳을 공략하는 것이 유리합니다. 예를 들면 작지만 실속 있는 외국계 회사들을 찾아보세요. 그러면 좋은 결과가 있을 겁니다.

계약직이라도
가야 할까요?

계약직이라도 응해야 하나 고민 중인 이른바 '경력단 절여성'입니다. 직장을 그만둔 지 벌써 1년이 다 되었네요. 다니던 외국계 회사가 사업 부진으로 한국 시장에서 철수하면서 졸지에 실업자가 되었습니다. 당시 아이가 초등학교에 입학해 손도 많이 가고 저 역시 재충전이 필요하다고 생각해 일단 가정에 충실 하고 추후 기회를 엿보기로 했습니다. 최근 다시 구 직을 시작했지만 적지 않은 나이에 공백까지 있어서 인지 취업의 문은 좀처럼 열리지 않고 있습니다. 그 런데 얼마 전 헤드헌터로부터 계약직 포지션을 제안 을 받았습니다. 제 경력에 잘 맞는 일이라 관심이 가 긴 하지만 망설여집니다. 헤드헌터는 일단 경단녀에 서 벗어나는 것이 급선무니 기회를 잡으라고 하는데 계약직이 정말 제 경력이 도움이 될까요?

망설이는 경단녀 미영

미영 씨, 기회의 문 앞에서 망설이고 계시는군요. 전문성이 뛰 어나고 풍부한 업무 경력을 가지고 있지만 출산이나 육아로 인해

회사에서
평생 커리어를
만들어라

경력이 단절되어 일자리를 찾지 못하고 있는 분들을 만나면 정말 안타까운 마음이 듭니다. 하지만 희망은 있습니다. 미영 씨에게 제가 만났던 경단녀의 재취업 성공 스토리를 들려드릴게요.

면접을 앞두고 카페에서 만난 그녀는 잔뜩 긴장한 모습이었습니다. 그도 그럴 것이 거의 2년 만의 인터뷰 기회라고 했습니다. 그녀는 친정어머니의 병환으로 아이를 돌봐줄 사람을 구할 수 없어 직장을 그만두었습니다. 당시 아이 역시 잦은 병치레로 발육이 더딘 편이라 아이를 제대로 키우고 싶은 욕심도 있었습니다. 이제 아이는 누구보다 밝고 건강하게 자랐고 친정어머니도 건강을 회복하셨지만 그녀의 경력은 공백으로 남아 있었습니다. 저는 그녀에게 4개월 계약직 포지션을 제안했습니다. 외국회사에서 본사의 감사를 준비하기 위해 함께 일할 사람을 찾고 있는데 단기 계약직이라 지원자를 찾기가 쉽지 않은 상황이었습니다. 저 역시 경단녀에서 벗어나는 것이 중요하다고 그녀를 설득했습니다. 비록 짧은 기간이지만 일단 업계에서 다시 경력을 쌓게 되면 다른 기회를 잡을 수 있기 때문입니다. 다행히 그녀는 제 말을 알아듣는 사람이었고 일에 대해서 깊은 애정을 가지고 있었습니다. 그녀는 인터뷰를 무사히 통과해 그 회사에서 4개월간 열심히 일했습니다. 하지만 계약 기간이 끝나자 회사를 떠날 수밖에 없었지요. 그런데 얼마 후 좋은 소식이 들려왔습니다. 그녀가 떠난 후 그 회사의 담당자가 다른 회사로 이직을 하게 되었는데 후임으로 그녀를 진지하게 고려하고 있다는 얘기였습니다. 그녀는 워낙 성실하게 맡은 업무를 잘해냈기 때문에 별도의 인터뷰 없이 합격의 영광을 안았습니다. 지금 그녀는 그곳에서 만족스럽게 일하고 있습니다.

구직 현장에서 만나는 후보자들 중에는 계약직에 대해서 유난히 과민 반응을 보이는 사람들이 있습니다. 이들에게 직업 선택의 가장 중요한 기준은 아마도 '고용 안정'인가 봅니다. 어떻게 나에게 그런 자리를 제안할 수 있냐고 따져 묻는 사람도 있으니까요. 계속 계약직으로 일했기 때문에 정규직이 아니면 절대 지원하지 않겠다는 구직자도 있습니다. 본의 아니게 계약직으로 일하다 보니 이력서가 어지럽게 되었다며 이번에는 기필코 정규직으로 취업을 하겠다는 것입니다.

안타깝지만 이러한 바람과는 반대로, 요즘은 계약직 포지션이 증가하는 추세입니다. 특히 외국회사의 경우에는 1년 계약직으로 근무 후 성과 평가를 통해 정규직 전환 여부를 결정하는 경우도 종종 있습니다. 철저한 검증을 통해 오랫동안 함께할 인재를 선발하려는 채용 전략입니다. 또 다른 경우는 본사로부터 인재 채용 허가를 받기가 어려운 외국기업들이 취하는 전략입니다. 현업 부서에서는 일이 많으니 사람을 뽑아달라고 아우성이고 본사의 허가가 떨어지지 않을 때 계약직 직원이 대안으로 제시됩니다. 마지막으로 정규직 직원에게 지급해야 하는 각종 혜택에 들어가는 비용을 절감하기 위해 계약직을 채용하는 경우도 있습니다. 이런 회사들은 주로 파견회사 소속의 파견직 직원을 활용하는데 이들은 계약 종료 시점에 대부분 회사를 떠나야 합니다.

커리어 컨설턴트가 후보자에게 계약직이라도 취업을 권하는 경우는 명확합니다. 긴 경력 공백이 있거나 실무 경험이 적을 때입니다. 대표적인 경우가 미영 씨와 같은 경단녀들이지요. 임신과 출산, 육아의 과정을 겪으며 장기간의 경력 공백이 있다면 계약직이 아니라 더 열악한 조건이라도 일단 받아들이라고 조언하고 싶습니다. 떨어진 업무 감각을 끌어올리고 최신 트렌드를 익히는 시간이 반드시 필요하기 때문입니다. 나이는 많지만 실무 경험이 적은 경우도 마찬가지입니다. 대학을 여러 곳 다녔거나 해외에서 장기 유학을 했거나 자격증 취득 등 다른 일을 하느라 경력에 비해 나이가 많은 구직자들은 기업에서 채용을 꺼리는 경우가 많습니다. 위계질서가 엄격한 조직에서 나이는 암묵적인 규율을 잡아 주는 존재니까요. 많은 조직에서 능력에 따른 승진과 보상이 일반화되고는 있지만 아직까지 나이를 무시할 수는 없거든요. 그러니 이런 구직자라면 일단 어디든 들어가고 봐야 합니다. 계약직이라도 실무 경험을 쌓고 업무 능력을 인정받으면 더 좋은 기회를 잡을 수 있습니다. 계약직이라고 무조건 꺼리다 보면 공백만 길어지고 취업은 더 어려워질 수 있습니다.

사람들은 대개 계약직과 정규직을 가르는 기준이 학력이나 경력 등의 스펙일 거라고 생각합니다. 하지만 의외의 경우를 많이 만나게 됩니다. 특히 스펙보다는 역량을 중요하게 평가하는 외국 기업의 경우는 더욱 그렇습니다. 제가 진행한 모 외국기업의 구매 담당자 포지션의 경우, 외국대학 졸업자를 제치고 순수 국내파가 그 자리를 차지했습니다. 인터뷰를 마친 면접관은 국내 대학 출신 이 해외 유학파보다 훨씬 영어를 잘한다고 평가했습니다. 외국에 서 공부한 적은 없지만 외국기업에서 일하면서 영어와 업무 능력 을 계발한 것이 결정적인 합격 요인이었던 것이지요.

미영 씨, 기회를 잡는 사람과 그렇지 못한 사람이 있습니다. 계 약직을 전전하면서 정규직이 아니면 안 가겠다고 버티는 사람도 있고 계약직으로 들어가 정규직 자리를 꿰차는 사람도 있습니다. 그 차이는 무엇 때문일까요? 그렇지요, 일을 대하는 태도입니다. 계약직이라서 떠나야 하는 것이 아니라 일을 대하는 태도가 딱 그 만큼이기 때문이지요. 혹시 이런 마음은 아니었을까요? '나는 계 약직이니까 여기까지만. 이 정도면 충분해.' 사실 정규직과 계약직 은 차이가 거의 없습니다. 정규직이라도 1년을 일하고 떠나야 하 는 상황에 직면한다면 1년 계약직과 무엇이 다를까요? 계약직이 지만 업무 능력과 전문성을 인정받아 신뢰할 수 있는 인재로 자리 잡는다면 정규직 전환의 기회를 얼마든지 잡을 수 있습니다. 미영 씨, 일단 계약직으로 입사하세요. 조직에서 빈자리는 언제든지 생 깁니다. 미영 씨가 자리가 아니라 일을 대하는 진지한 태도를 가지고 있다면 그 기회를 반드시 잡을 수 있을 것입니다. 그러니 망설이지 마시고 과감하게 첫 발을 내딛으세요!

희망퇴직 공고만 기다리는
직장인입니다

승진하는 거 별로 달갑지 않아요. 월급이 오르는 것은 좋지만 그만큼 회사에서 요구하는 것도 많아지잖아요. 팀장 승진이요? 얼마 되지 않는 팀장 수당 받으면서 골치 썩이느니 그냥 팀원으로 가늘고 길게 가고 싶어요. 다닐 수 있을 때까지 다니다가 위로금 받고 그만두는 것이 제 꿈이에요. 이직도 싫어요. 그거 해봐야 별로 이득 될 것도 없어요. 이직해서 연봉이 오른다 해도 얼마나 되겠어요? 희망퇴직 위로금 받고 나가는 것이 훨씬 남는 장사지요. 근속년수가 길어지면 위로금이 더 많아질 테니 버틸 수 있을 때까지 버텨야죠. 그런데 소문만 무성하지 희망퇴직 공고가 안 뜨네요. 이런 마음을 가지고 있어서인지 점점 일하기가 싫어집니다. 회사에서 하루 종일 딴생각만 하고 있는 것 같아요. 어떻게 마음을 잡아야 할까요?

하루하루가 지겨운 나 과장

나 과장님, 고도를 기다리고 계시는군요. 고도가 누군지 아시죠? 세계적인 극작가 사무엘 베케트의 희곡《고도를 기다리며》에서 부랑자 블라디미르와 에스트라공이 기다리는 인물입니다. 이들의 기다림은 헤아릴 수 없이 오래된 것이어서 이제는 고도가 누구인지, 언제 어디로 오겠다는 것인지도 분명하지 않지요. 그래도 기다리는 것이 습관이 된 이들은 지루함과 초조, 낭패감을 이기기 위해 끊임없는 광대놀음을 하고 있어요. 기다림이 한계에 달한 어느 날, 나타난 것은 고도가 아니라 고도의 전갈을 알리는 소년이었지요. 그들은 그 다음날도 그 다음날도 고도를 기다립니다. 나 과장님은 희망퇴직이라는 고도를 오늘도 내일도 오매불망 기다리고 있군요.

산업 전반에서 구조조정 열풍이 거세게 불고 있는 요즘, 어쩌면 나 과장님이 그토록 기다리던 고도를 만날 때가 드디어 오고 있는 건지도 모르겠네요. 금융, 자동차, IT, 제약, 유통, 중공업에 이르기까지 희망퇴직 계획이 줄줄이 발표되고 있으니까요. 헤드헌터로 일하면서 나 과장님 같은 직장인들을 여럿 만났습니다. 보통 사람이라면 두려워하기 마련인 희망퇴직을 오히려 고대하고 있는 사람들이지요. 과장님과 같은 생각을 가진 직장인들에게 꼭 해주고 싶은 이야기가 있습니다. 잘 들어보세요.

우선 희망퇴직 후 재취업은 생각보다 쉽지 않을 것임을 알아야 합니다. 그 이유는 여러 가지가 있지만 우선은 취업 시장에서 희망퇴직자의 가치가 낮기 때문입니다. 조직에서 꼭 필요한 사람이라면 희망퇴직 신청이 받아들여지지 않았을 거라는 믿음이 보편적이거든요. 그래서 희망퇴직한 구직자를 회사에서 꺼려하는 경우가 많아요. 다음으로는 수요와 공급의 법칙과 관계가 있어요. 업계 전체가 구조조정을 하고 있다면 동종 업계에서 일시에 희망퇴직자들이 쏟아져 나오겠지요? 그러니 시장은 공급 과잉 상태가 됩니다. 경기가 좋지 않아 있는 사람도 내보내는 판국에 공급이 넘쳐 나니 경쟁은 더욱 치열해져 재취업이 어려운 겁니다. 또한 대부분의 희망퇴직자는 나이가 많고 경력이 긴 사람들입니다. 젊은 사람에 비해 이들이 갈 수 있는 자리는 한정되어 있죠. 그러니 재취업까지 오랜 시간이 걸리거나 눈높이를 한참 낮춰야 하는 경우가 다반사입니다.

더욱이 희망퇴직한 사람들은 자신의 경력계발에 소홀한 경우가 많아요. 과장님처럼 버티기 전략을 오랫동안 고수하다 보니 자신의 직무 확대나 전문성, 직급 성장 등에 관심이 없는 경우가 대부분이지요. 같은 영업사원이라 할지라도 자신의 직무를 확대한 경우에는 경력 가치에서 좋은 점수를 받을 수 있습니다. 작은 거래처를 담당하다가 큰 거래처를 발굴했다면 직무 확대가 이루어졌다고 할 수 있습니다. 계약 액수도 달라지고 보다 심도 깊은 전문성이 필요해지니까요. 또한 영업사원에서 출발해 팀장을 거쳐 본부장이 되고 임원이 되었다면 직급 성장이 성공적이라고 할 수 있습니다. 직급이 올라가면서 성과 책임이 커지고 역량이 성장한

회사에서
평생 커리어를
만들어라

다고 보기 때문입니다. 자신의 경력계발에 관심이 많은 사람은 현 직장에서 그런 도약이 어렵다면 이직을 고려하기도 하지요. 하지만 하염없이 고도만 기다리는 나 과장님의 이력서에는 그런 도전과 성장의 족적을 찾기 어렵겠지요?

나 과장님, 희망퇴직을 고려하고 있다면 회사가 아닌 다른 곳에서 새로운 인생을 시작하기를 추천합니다. 회사원 생활을 정리하고 자신의 사업을 하거나, 하고 싶은 공부를 할 계획이라면 퇴직금에 위로금까지 얹어 주는 희망퇴직 프로그램은, 1+1 프로모션이나 반값 마감 세일과 같은 기회겠지요. 제 지인 중에는 15년간의 워킹맘 생활을 마감하고 대학원에서 상담과 코칭을 공부하는 이가 있어요. 그녀는 공부가 끝나면 자신의 이름을 건 상담소를 오픈할 계획을 가지고 있지요. 영업사원으로 퇴직한 호원 씨는 직장생활을 하면서 모은 자금에 희망퇴직 위로금을 합쳐 부동산과 주식을 구입했어요. 직장생활 할 때의 월급만큼은 아니지만 생활비는 충분히 조달된다고 하네요. 그는 시간에 구애받지 않고 자유롭게 살 수 있으니 예전보다 만족스럽게 생활하고 있답니다.

사무엘 베케트는 자신의 희곡에서 고도가 누구인지 언급하지 않아요. 그래서 고도가 누구인지에 대한 의견이 분분합니다. 혹자는 고도Godot가 영어의 God와 프랑스어의 Dieu를 압축한 합성어로 '신의 구원'을 의미한다고 해석합니다. 베케트가 이 희곡을 쓴

시기가 제2차 세계대전 중임을 감안하면, 그에게 고도는 '종전'일 수도 있겠지요. 작가는 아마도 독자 각자에게 고도의 존재를 설정하도록 의도한 것인지도 모르겠네요. 억압된 사람에게는 자유가, 불행한 사람에게는 행복이, 기나긴 실패의 터널을 지나고 있는 사람에게는 희망이, 나 과장님에게는 희망퇴직이(!) 고도일 수 있으니까요.

저는 과장님의 고도를 존중하고 싶습니다. 직장에서 초고속 승진을 해야만 성공한 인생은 아니잖아요. 사람마다 각자의 가치관에 따라 살아가는 것이니까요. 소소한 행복을 누리며 사는 기쁨도 소중한 것이라 믿습니다. 하지만 고도를 기다리는 과장님의 일상이 블라디미르와 에스트라공의 그것처럼 지루함, 초조, 낭패감으로 얼룩지지 않기를 바랍니다. 그러기 위해서는 고도를 만난 이후에 무엇을 할지 미리 고민해야겠지요. 그런 준비와 고민을 통해 삶의 만족도가 달라질 수 있기 때문입니다. 또한 일은 자기 이름을 걸고 하는 것이니 희망퇴직을 할 생각이더라도 온 마음을 다해 임하길 바랍니다. 그래야 회사를 떠난 후에도 과장님과 함께 할 사람들이 곁에 있을 겁니다. 고도만 기다리며 빈둥거리다 직장생활 대부분의 시간을 보내는 것은 빠삐용이 선고 받은 '인생을 허비한 죄'와 다르지 않다는 무시무시한 말로 이 글을 마칩니다. 과장님, 정신 차리세요!

동기의 암 투병 소식에
모든 것이 부질없게 느껴집니다

절친의 암 투병 소식에 마음이 심란하고 괴로운 직장인입니다. 회사 동기 녀석이 암에 걸려 투병 중입니다. 신입사원 교육에서 우연히 친해져 입사 후 다른 팀에 배치되어서도 서로 마음을 나누며 지냈습니다. 녀석은 실력도 뛰어났고 태도도 겸손해서 회사에서 인정받는 직원이었습니다. 승진도 빨랐고요. 하지만 세상에 공짜는 없는 걸까요? 승승장구했지만 건강에 문제가 생겼으니까요. 주말도 없이 일에 매달리며 야근과 특근, 출장과 마라톤 회의를 견뎌내던 몸이 더 이상 견딜 수 없었나 봅니다. 우리는 살기 위해 일을 하는 걸까요, 일을 하기 위해 사는 걸까요? 삶을 망가뜨리지 않고 일을 할 수는 없을까요? 요즘은 모든 것이 부질없게 느껴집니다.

허무의 늪에서 허덕이고 있는 재혁

재혁 씨, 친구 분 이야기를 들으니 마음이 찢어집니다. 부디 건강을 회복하여 예전과 같은 우정을 나누길 기원합니다. 재혁 씨

이야기를 들으니 제가 알았던 두 명의 세일즈맨이 떠오릅니다. 제 이야기 들어보시겠어요?

그날은 퇴근 준비를 하던 금요일 오후였어요. 낯선 번호로 문자가 한 통 왔습니다. '박 아무개의 아내입니다. 저희 남편이 병으로 2월 14일 새벽에 소천하였습니다. ○○병원 3영안실이며 내일 발인입니다. 좋은 소식을 알려드리지 못해 죄송합니다.' 가슴이 철렁했습니다. 그의 얼굴이 언뜻 스치더군요. 모 회사의 영업이사 포지션에 지원했던 박 본부장이었습니다. 곰곰이 생각해보니 지난달부터 그가 전화를 받지 않았습니다. 외국에 나갔나 보다 생각했는데 이런 비보가 전해진 것입니다. 떨리는 손으로 주섬주섬 가방을 챙겨 병원으로 향했습니다. 영정 사진 옆에는 파리한 얼굴의 그의 아내가 서 있었습니다. 그녀는 제 이름과 소속을 듣더니 희미한 미소를 띠며 말했습니다. "아이 아빠가 선생님 이야기를 많이 했습니다. 많이 도와주셨다고요. 선생님께 연락이 올 때마다 아이처럼 좋아했습니다. 이렇게 와주셔서 감사합니다. 아이 아빠가 편히 갈 겁니다."

그는 다니던 회사에서 희망퇴직을 했습니다. 회사가 어려워지자 상사는 '네가 나가줘야겠다'라고 했고 그는 군말 없이 짐을 쌌습니다. 그것이 서로에게 최선이라는 것을 알고 있었기 때문이었죠. 이후 그는 필리핀에서 몇 달 머물며 영어 연수를 했습니다. 직장생활 내내 발목을 잡던 영어만 잡으면 새로운 인생이 펼쳐질 것 같아서였습니다. 그러던 중에 저와 연락이 닿았고 신생 회사의 영업이사 포지션에 지원해 최선을 다했습니다. 하지만 결과는 좋지 못했습니다. 이후에도 열심히 구직 활동을 하면서 새로운 인생을 준비했습니다. 그러던 어느 날, 그가 갑자기 복통을 호소하면서 쓰러졌습니다. 검사 결과는 위암 말기. 그는 제대로 항암 치료도 받지 못하고 한 달 만에 황망히 세상을 떴습니다. 장례식장은 한산했습니다. 그의 가는 길을 쓸쓸했습니다. 만약 그가 어느 조직에 몸담고 있었다면 장례식장이 이리 쓸쓸하지 않았을 텐데, 그 포지션에 합격했다면 산업재해로 처리되어 남아 있는 가족들에게 조금이나마 도움이 되었을 텐데 싶었습니다. 검은 상복을 입은 초등학교 고학년 정도 되어 보이는 여자아이가 딸인 듯했습니다. 그 아이의 얼굴을 보고 있으니 눈물이 솟구쳐 올랐습니다.

또 다른 세일즈맨의 얼굴이 떠오르네요. 그는 제가 제약회사에서 영업을 할 때 소속 영업팀의 팀장이었습니다. 곱슬머리에 검은 얼굴, 작은 키에 깡마른 몸, 투박한 경상도 사투리를 쓰는 그의 왼손에는 언제나 담배가, 오른손엔 자판기 커피가 들려 있었습니다. 사람들은 그를 FM이라고 불렀습니다. 작은 일도 원리원칙에 입각해 처리하는 그를 답답하게 여기는 사람도 많았습니다. 그는 한 회사에서 20년간 일하며 조직의 명령에 충실히 따랐습니다. 서울에서 일하다 강원도로, 경상도로, 충청도로 옮겨가 가족과 떨어져 홀로 살았고, 팀장으로 일하다 팀원으로 좌천되기도 여러 번이었습니다. 그러던 그는 정년을 몇 년 앞두고 희망퇴직을 했습니다.

이후 그로부터 간간히 문자가 왔습니다. 도서관에서 책을 읽고 있다거나, 터키와 그리스로 사모님과 여행을 간다는 내용이었습니다. FM은 조직을 떠나서도 FM이구나 싶었습니다. 그러던 어느 날 영업팀 동료에게서 연락이 왔습니다. 그가 집에 혼자 있다 뇌출혈로 쓰러져 중환자실에 있다는 것이었습니다. 동료는 지금 가봐야 알아보지 못할 테니 깨어나면 가자고 했습니다. 나도 그러마 했습니다. 생각보다 혼수상태는 길어졌고 바쁘다는 핑계로 차일피일 병문안을 미뤘습니다. 그러던 어느 날 그의 부고를 전해들었습니다. 그의 영정 사진 앞에서 저는 하염없이 울었습니다. 낙타처럼 무거운 짐을 지고 주인이 부리는 대로 이리저리 끌려 다니다 이제 좀 쉬게 되었는데 이리 되어버린 그가 불쌍해서 울었습니다. 현재를 희생하고 긴 시간을 견뎠는데 남은 시간이 얼마 남지 않았다는 것을 알지 못했던 그가 애처로워 울었습니다.

두 세일즈맨의 죽음을 지켜보며 저는 직장인의 숙명을 연민하게 되었습니다. 자신의 시간을 송두리째 저당 잡힌 채 밥벌이를 하며 평생을 보내다, 준비되지 않은 죽음을 맞이하고 마는 그들이 측은했습니다. 병든 몸으로 조직을 나와 아무도 기억하지 않는 마지막을 맞는 그들의 모습이 가여웠습니다. 직장인은 무엇을 위해 일해야 하는가 하는 의문이 들었습니다. 그 답은 시튼의 《동물기》

에서 만난 인디언의 입을 통해 들을 수 있었습니다.

멕시코시티의 큰 시장 그늘진 구석에 포타 라모라는 나이 든 인디언이 앉아 있었다. 그는 그 앞에 20줄의 양파를 매달아놓았다. 시카고에서 온 어떤 미국인이 노인에게 와서 물었다.

"양파 한 줄에 얼마요?"

"10센트입니다."

"두 줄은 얼마요?"

"20센트입니다."

"세 줄은 얼마요?"

"30센트."

"세 줄을 사도 깎아주지 않는군요. 25센트에 세 줄 주실래요?"

"안 됩니다."

"그럼 20줄 전부를 얼마에 파시겠습니까?"

"나는 당신에게 20줄 전부를 팔지 않을 것입니다."

"안 판다니요? 당신은 양파를 팔기 위해 나와 있는 것이 아닙니까?"

"아닙니다. 나는 내 삶을 살려고 여기에 있습니다. 나는 이 시장을 사랑합니다. 북적대는 사람들을 좋아하고, 붉은 서라피 모포를 좋아합니다. 나는 햇빛을 사랑하고 바람에 흔들리는 종려나무를 사랑합니다. 나는 페드로와 루이스가 와서 '부에노스 디아스'라고 인사하고, 담배를 피우며 아이들과 곡식에 대해서 이야기하는 것을 좋아합니다. 여기서 친구들을 만나면 즐겁습니다. 이게 바로 내 삶입니다. 그 삶을 살기 위해서 여기 이렇게 하루 종일 앉아 양파를 파는 것입니다. 그러니 당신에게 이 양파를 몽땅 다 팔아버린다면 내 하루도 그걸로 끝나고 말 겁니다. 그렇게 되면 나는 사랑하는 것들을 다 잃게 되지요. 그러니 그런 일은 안 할 것입니다."

재혁 씨, 효율우선주의와 금전만능주의가 만연한 우리 사회에 포타 라모와 같은 직장인이 있을까요? 현장에서 만나는 직장인들 중에는 자신의 삶을 남김없이 팔아 다 먹지도 못하는 밥을 벌고 있는 이들이 많습니다. 이들은 마시멜로 이야기를 맹신합니다. 마시멜로를 먹지 않고 아껴두면 나중엔 그것들을 더 많이 더 맛있게 먹을 수 있을 거라 생각합니다. 하지만 그렇지 않습니다. 정작 뚜껑을 열어보면 대부분이 녹아 없어지고 곰팡이 슬어 먹을 수 있는 것이 거의 없을지도 모릅니다. 그러니 마시멜로는 아끼지 말고 필요한 시점에 한 개씩 먹어야 합니다. 우리는 마시멜로의 유통기한을 알 수 없으니까요.

재혁 씨, 저는 삶과 공존할 수 있는 일을 하고 싶습니다. 행복하기 위해서 일을 하고 싶습니다. 일만 좇다 정작 중요한 것을 잃는 인생은 후회만 남을 뿐이니까요.

변화경영사상가 구본형은 위대한 직업을 '일로 인해 삶을 즐길 수 있는 것'으로 정의합니다. 위대한 직업은 삶을 파괴하지 않습니다. 직업을 통해 삶이 빛나게 됩니다. 재혁 씨의 직업은 어떠한가요? 위대한 직업인가요? 위험한 직업인가요? 혹시 위대한 직업을 이익에 눈이 멀어 위험한 직업으로 만들고 있지는 않은가요? 부디 허무의 늪에서 빠져 나와 일을 통해 빛나는 삶을 일구길 기원합니다. 아울러 친구 분의 쾌유를 빕니다.

제 사업을 하려면
무엇부터 준비해야 할까요?

회사를 떠나 홀로서기를 준비하려는 40대 초반의 직장인입니다. 운이 좋아 대학 졸업과 동시에 지금 회사에 입사해 영업팀과 교육팀에서 일했습니다. 현재는 세일즈 트레이닝 매니저로 일하고 있습니다. 저는 평생직장은 더 이상 존재하지 않는다고 생각합니다. 제 주변을 보아도 정년을 채우고 회사를 떠나는 사람은 거의 없습니다. 정년퇴직이 가능하다고 해도 조직에 묶여 긴 세월을 견디는 것도 끔찍한 일입니다. 그래서 저는 회사를 떠나서도 먹고살 수 있는 방법을 고민하고 있습니다. 조직을 떠나서도 제 직장 경력을 살려 전문성을 인정받을 수 있는 일을 하고 싶습니다만 막막하기만 합니다. 막연한 불안감에 휩싸여 주저하는 마음이 들기도 하네요. 무엇을 어떻게 해야 할까요? **마음만 급한 이 차장**

이 차장님, 우선 자신의 미래에 대해서 진지하게 고민하고 계신 차장님께 특급 칭찬을 보냅니다. 하루하루 허겁지겁 눈앞의 일에

얽매어 숲을 보지 못하고 사는 직장인들이 대부분이니까요. 저는 이 차장님께 제 지인 이야기를 해드리고 싶어요. 40대 중반의 직장인인 그는 국내 대기업에서 20년간 B2B 영업을 해왔는데 조만간 회사를 나와 1인 기업가의 삶을 꾸려나갈 준비를 하고 있습니다. 우연한 기회에 그와 이야기를 나누었는데 듣다 보니 그야말로 그는 자신의 꿈을 위해 성실히 나아가고 있는 사람이더군요. 그에게 한 수 배워 보시겠어요?

하나, 전문성을 발견하라

그는 자신을 B2B 세일즈 멘토라고 부릅니다. 20년 동안의 B2B 영업 경력을 기반으로 실무와 이론, 현장 경험과 노하우로 무장한 자신을 그렇게 브랜딩한 것입니다. 그는 일반적인 영업, 즉 B2C 영업 전문가는 많지만 B2B 영업은 그렇지 않다고 말합니다. 그래서 자신이 좀 더 쓰임이 많을 것이며 시장 가치가 높을 것이라 자부합니다. 그의 블로그를 보면 B2B 영업의 특성과 고객 응대 비결 등 보물 같은 내용이 잘 정리되어 있습니다. 한 가지 일을 오래 했다고 해서 모든 사람들이 자신을 전문가로 생각하는 것은 아닙니다. 대기업 인사팀에서 25년 일하고 은퇴한 어떤 이는 자신을 인사 전문가로 여기지 않더군요. 자신을 전문가로 칭하는 사람을 보면 그 사람이 일을 어떤 마음가짐으로 대해왔는지 알 수 있습니다. 그 마음과 태도는 감동적입니다.

둘, 필살기를 키워라

변화경영사상가 구본형은 '왜 잘하는 일을 즐기며 먹고살 수 없단 말인가?'란 질문을 품고 《구본형의 필살기》라는 책을 썼습니다. 그는 20년간의 직장생활 경험에 10년간의 변화경영전문가의 전문성을 더해 직장인들이 회사 일을 하면서 자신만의 차별화된 전문성을 발견하고 강화하는 필살기 창조 모델의 원형을 만들어 냈습니다. 그의 이론에 따르면 필살기는 다음 도식으로 만들어집니다.

〈필살기 = 기존 직무의 전략적 태스크
+ 평생 직업을 위한 추가적 핵심 태스크〉

B2B 세일즈 멘토는 그 도식에 충실하게 자신의 필살기를 강화하고 있었습니다. 기존 직무의 전략적 태스크인 자신의 B2B 영업 업무에 강의와 저술을 위한 추가적 핵심 태스크를 강화하는 중이었습니다. 그는 현재 사내 강사로 활동할 뿐 아니라 모 사이버대학 강사로 수년째 일하고 있습니다. 또한 자신의 노하우와 경험을 담은 책을 내기 위해서 모 출판사와 계약을 맺고 원고를 집필 중이라고 합니다.

셋, 다리를 만들어라

이렇듯 철저하게 미래를 준비하고 있지만 그는 자신이 선택할 변화가 여전히 두렵다고 했습니다. 초등학교, 중학교, 고등학교에 다니는 세 자녀의 아버지이며 대기업이라는 큰 우산 아래에서 근 20년을 살았으니 그럴 법도 하지요. 그래서 그는 현실과 꿈을 연결할 다리도 구상하고 있습니다. 우선 1인 기업가로 자리를 잡기 전까지 가족의 생계를 해결하기 위해서 아내가 할 수 있는 작은 사업을 알아보고 있습니다. 위험을 최소화하기 위해 처제가 다니는 회사의 대리점 개업을 검토하는 중입니다. 또한 회사를 나와 본격적인 강의와 저술 활동을 하기 전에 세일즈 교육 전문회사에 잠시 적을 두는 방법도 고려하고 있습니다. 전문회사에서 네트워크와 사업 노하우를 배우면 자신의 사업을 시작했을 때 소프트 랜딩이 가능하리라는 생각 때문입니다.

1인 기업가의 역량 계발 및 훈련 프로그램을 운영하는 유니크 컨설팅의 이희석 대표는 1인 기업가들이 전문성을 인정받는 방법으로 다음 다섯 가지를 꼽습니다. 학력, 경력, 네트워크, 좋은 책, 그리고 진짜 실력. 이 차장님은 위 다섯 가지 중 무엇을 가지고 있나요? 혹시 학력의 업그레이드가 필요하다면 HRD 전문 대학원에서 산업 교육 과정을 밟는 것을 고려해볼 수 있습니다.

이미 오랫동안 영업과 교육 업무를 해왔다면 경력 면에서는 경쟁력을 가지고 계시겠지만 기업 교육 전문기관에서 보다 전문적인 교육 경력을 쌓는 것도 도움이 될 것입니다. 네트워크 개발 또한 쉬운 일이 아니지요? 학력과 경력에 더해 영업 채널을 개발하고 마케팅에 도움을 받을 수 있는 네트워크가 있다면 금상첨화일 것입니다. 이희석 대표의 경우 한국리더십센터에서 근무했으며 구본형 변화경영연구소 연구원으로 활동해 큰 도움을 받았다고 합니다. 그는 또한 《나는 읽는 대로 만들어진다》라는 책을 내어 독서 코치로서 독보적인 자리를 점유하고 있습니다. 그리고 무엇보다 중요한 진짜 실력을 가지고 있지요. 그의 강의는 감탄할 만하고 전문성과 깊이가 고스란히 느껴지는 글을 씁니다. 이 차장님, 회사에서 일하며 1인 기업가의 삶의 기반을 닦고 싶다면 위 다섯 가지를 고려해 차근차근 준비하기 바랍니다.

《회사를 떠나기 3년 전》의 저자 오병곤은 회사에서 적어도 3년 정도 차별화된 전문성을 확보하고 회사를 떠나야 한다고 강조합니다. 3년은 견딜 수 있는 가장 긴 시간이지만 탁월한 무언가를 만들어 낼 수 있는 가장 짧은 시간이기 때문이랍니다. 그는 아직 준비가 되지 않았다면 지금 하고 있는 일을 절대 접어서는 안 된다고 충고합니다. 이 차장님, 회사를 떠나 먹고살고 싶다면 우선 회사에서 탁월한 성과를 내어 인정을 받아야 합니다. 그것이 전문성의 발견이겠지요. 그리고 필살기를 연마하여 회사를 떠나도 자신을 불러 줄 수 있는 서비스를 개발하고 네트워크를 확보해야 합니다. 그러니 지금 해야 할 일은 회사 일에 더욱 집중하여 가시적 성과물을 만들고 차별화된 자신만의 서비스를 찾아내는 일임을 명심하세요. 아울러 소프트 랜딩을 위한 장치들도 고민해보세요. 관심을 가지고 관찰하면 뭔가 보일 겁니다. 차장님, 지금 차장님이 써야 할 것은 사표가 아니라 출사표입니다. 무엇을 어떻게 시작할지 출사표에 하나씩 적어 보시길요!

직장인에게
일이란 무엇일까요?

일에서 기쁨을 발견하고 싶은 3년 차 직장인입니다. 취업이 되지 않아 마음 졸일 때는 어디든 일자리만 있다면 영혼이라도 팔겠다 싶었습니다. 하지만 취업 후의 현실은 생각했던 것과 많이 다르더군요. 매일 똑같이 반복되는 일상 속에서 저는 지쳐가고 있습니다. 주변 동료들에게 물어보았어요. 일이란 진정 무엇이냐고요. 왜 일을 하느냐고요. 대부분의 사람들이 먹고살기 위해서 일을 한다고 대답하더군요. 정말 일이란 생계유지 그 이상도 이하도 아닌 걸까요? 일을 하면서 자아실현도 하고 의미와 가치를 찾겠다는 건 순진한 생각일까요? 제가 지금 그렇지 못한 것은 저에게 맞지 않는 일을 하고 있기 때문일까요?

일이란 무엇인지 고민하는 고 주임

고 주임님, 고민이 많으시군요. 3년 차 직장인이 그런 생각을 한다니 참으로 기특합니다. '직장인에게 일이란 어떤 의미일까.'

저 역시 늘 깊이 생각하고 있는 주제입니다. 이 글에서는 제가 만난 두 사람에 대한 이야기를 해보려 해요. 업계에서 20년 넘게 비슷한 경력을 쌓은 김 이사와 송 이사는 일을 대하는 태도에서 큰 차이를 보여 인상적이었습니다.

얼마 전 모 일본제약회사의 한국법인 설립을 위한 인재 채용 프로젝트에 참여했습니다. 인터뷰에 배석하게 되었는데 아주 특별한 두 가지 질문과 마주했습니다. (사실 다음 질문들은 경력 사원 채용을 위한 외국기업의 인터뷰 자리에서 자주 나오는 것들은 아닙니다. 인재의 인성을 중요하게 여기는 일본 회사의 특성 때문인 것 같습니다.) 첫 번째 질문은 '일을 하면서 가장 보람을 느꼈던 때는 언제였나?'였습니다. 쉰이 다 되도록 영업 현장을 발로 뛰어 온 김 이사는 '병으로 고생하던 환자가 자신이 담당하던 약물을 복용하고 건강을 회복했다며 감사의 인사를 전할 때'라고 했습니다. 20년 넘게 항암제 세일즈를 했던 그는 자신의 일이 단순히 제품을 판매하여 매출을 만들어 내는 일이라고 생각하지 않았습니다. 암으로 고통받는 환자들의 생명을 구한다는 사명감이 그를 움직이는 동기이자 에너지였습니다. 두 번째 질문은 '지금까지 일하며 가장 존경하는 사람은 누구인가?'였습니다. 이에 대해서도 김 이사는 같은 맥락으로 답했습니다. 모 대학병원의 교수를 예로 들면서 진정으로 환자를 위해서 최선의 노력을 다하는 의사라고 소개했습니다. 그런 의사이기에 암환자들 사이에는 거의 신神적인 존재라는 설명을 덧붙였습니다.

송 이사의 답변은 어땠을까요? 약대를 나오고 미국에서 MBA 학위를 받은 후 유수의 회사들에서 화려한 마케팅 경력을 쌓은 그는, 자신의 직업적 성공을 위해 일해온 사람이었습니다. 첫 번째 질문에 대해서 송 이사는 '담당한 제품이 큰 성공을 거두었을 때'라고 답했습니다. 제품 하나를 5년 만에 380퍼센트나 성장시킨 것이 본인의 자랑이자 보람이라고 했습니다. 두 번째 질문에 대해서는 모 제약회사의 대표를 역임한 원로를 언급하며 리더십이 뛰어나고 합리적인 분이기 때문이라는 이유를 붙였습니다. 그는 아마도 자신이 존경하는 사람처럼 한 조직의 리더가 되고 싶은 사람인 것 같았습니다. 두 사람을 비교하면 김 이사는 환자의 아픔을 위로하고 질병을 치료하기 위해서, 송 이사는 한 조직의 리더로 성공적인 커리어를 쌓기 위해서 일해온 사람이었습니다.

고 주임님이 말했듯이 직장인들에게 왜 일하느냐고 물으면 '먹고살기 위해서'라는 답변이 제일 먼저 나옵니다. 그 답변의 이면에는 먹고사는 문제만 해결된다면 일을 당장 그만두고 싶다는 속마음이 숨어 있습니다. 저는 고 주임님의 의견에 동의합니다. 일을 하면서 가치를 발견하고 보람을 느껴 자신의 존재 이유를 확인하는 것, 그것이 진정한 일의 의미입니다. 또한 진정한 의미를 찾아야만 인생 전체의 선순환을 이룰 수 있습니다. 김 이사가 환자들의 건강 회복을 위해 일한다는 자부심을 가질 때 그는 자신을 가치 있는 사람으로 여길 수 있었습니다.

일을 하면서 가치 발견보다 목표 달성에 의미를 둔다면 만족하기 힘들 것입니다. 성과를 달성하지 못하고 자신이 오르고자 하는 자리에 도달하지 못하면 일의 의미 또한 찾기 어려울 것이기 때문입니다. 하지만 그 목표라는 것은 한없이 높아질 수밖에 없어 궁극의 만족이란 없을 것입니다. 송 이사는 자신의 현재 위치에 만족할 수 없어 이직을 고민하고 있지만 어쩌면 그의 욕망은 영원히 채워질 수 없을 것입니다.

40페이지에 달하는 자료를 준비해와 진지하게 인터뷰에 임했던 김 이사는, 인터뷰 말미에서 결과에 상관없이 도움이 필요하다면 기꺼이 도움을 주고 싶다는 의사를 밝혔습니다. 암으로 고생하는 환자들을 위해서라면 어디서 어떤 일을 하더라도 상관없다는 의미였습니다. 반면 송 이사는 인터뷰가 끝나자 이 자리는 자신이 생각했던 것과 다르다고 말했습니다. 향후 5년간 5백억 원 정도의 매출을 만들어내기 위해 스무 명이 안 되는 작은 조직을 꾸릴 것이라는 회사의 계획을 들은 직후였습니다. (사실 그는 처음부터 인터뷰 장소가 호텔 비즈니스룸이 아니라 사무실 한 켠이라는 사실에 불만을 가지고 있었습니다.)

고 주임님, 일이란 무엇일까요? 스티브 잡스는 이렇게 말했습니다. '일은 인생의 대부분을 차지합니다. 그런 거대한 시간 속에서 진정한 기쁨을 누릴 수 있는 방법은 스스로가 위대한 일을 한다고 자부하는 것입니다. 자신의 일을 위대하다고 자부할 수 있을 때는, 사랑하는 일을 하고 있는 그 순간뿐입니다.' 고 주임님, 스티브 잡스를 비롯해 많은 성공한 사람들이 자신이 사랑하는 일을 했고 그래서 성공했고 행복하다고 말합니다. 일의 의미를 찾기 어렵다면 자신이 사랑하는 일을 찾지 못했기 때문일 수도 있습니다. 하지만 어쩌면 자신이 하는 일의 본질을 제대로 모르고 있을지도 모르겠네요. 오늘부터는 다시 한 번 면밀히 살펴보세요. 일과 태도 중 무엇을 바꾸면 좋을지요!

고수가 되는 방법을
알려주세요

고수가 되고 싶은 직장인입니다. 저는 중견 회사의 구매팀에서 일하고 있습니다. 저희 팀에는 입사 동기인 송 과장님과 최 과장님이 있습니다. 이 두 분은 정말 비슷한 구석이 많습니다. 서울에 위치한 대학에서 경영학을 전공하고 비슷한 나이에 우리 회사에 신입사원으로 입사해 지금껏 구매팀에서 일하고 있습니다. 그런데 실력은 확연히 차이가 납니다. 송 과장님은 정말 척척박사입니다. 제가 뭘 물어봐도 다 대답해줍니다. 존경심이 절로 생길 정도로요. 이론뿐 아니라 실무까지 겸비한 송 과장님을 저는 멘토로 여기고 조언을 구하곤 합니다. 하지만 최 과장님은 그 반대입니다. 과장이라는 타이틀이 무색할 정도로 실력이 형편없습니다. 어떻게 과장 진급을 했을까 싶은 생각도 듭니다. 같은 회사에서 같은 일을 했는데 이토록 실력 차이가 나는 이유는 무엇일까요? 제가 송 과장님처럼 되려면 어떤 부분에서 더 노력하면 될지 궁금합니다. **고수가 되고 싶은 신 대리**

신 대리님, 무림 고수가 되는 꿈을 가지고 있군요. 참으로 바람직한 자세입니다. 이왕 세상에 나왔으니 무림의 고수들과 한바탕

실력을 겨루어볼 배짱과 용기가 있어야지요. 저 역시 신 대리님과 비슷한 질문을 마음속에 품고 있습니다. '비슷한 규모의 회사에서 비슷한 일을 해도 전문성에 차이가 나는 이유는 무엇일까?' 비슷한 규모의 반도체 장비회사에서 20년간 기술영업을 해온 황 이사와 오 이사의 역량 차이를 보고 저도 적잖이 놀랐습니다. '고객의 신뢰를 얻는 비결이 무엇인가?'라는 질문에 황 이사는 최신 기술 트렌드를 미리 예측하여 고객이 꼭 필요한 제품을 개발·공급해 진정한 비즈니스 파트너로 자리 잡는 것이라고 답했습니다. 반면 오 이사는 영업은 무엇보다 고객과의 관계가 중요하니 그들이 시키면 죽는 시늉까지 해야 한다고 답했습니다. 오 이사의 답변은 20년간 필드를 누빈 영업 전문가의 것이라고 하기에는 너무 실망스러웠습니다.

구직 현장에서 만나는 직장인들 중에서 무림 고수의 내공이 느껴지는 사람들이 있습니다. 이들은 어떻게 그 자리에 오른 것일까요? 고수는 무엇으로 만들어지는 것일까요?

신경과학자인 다니엘 레비틴은 어느 분야에서든 세계 수준의 전문가, 마스터가 되려면 1만 시간의 연습이 필요하다는 연구 결과를 발표했습니다. 그는 작곡가, 야구선수, 소설가, 스케이트 선수, 피아니스트, 체스 선수, 심지어 숙달된 범죄자까지 어떤 분야에서도 예외는 없었다고 말합니다. 1만 시간은 대략 하루 세 시간, 일주일에 스무 시간씩 10년을 연습한 것과 같습니다. 비슷한 맥락의 연구 결과로 10년의 규칙이란 것이 있습니다. 심리학자 안데르스 에릭슨은 어떤 분야든지 세계적 수준의 전문가가 되려면 대략 10년 동안 연습에 전념해야 한다고 주장합니다.

그렇다면 누구나 1만 시간 혹은 10년을 연습하면 세계적인 수준의 전문가가 될 수 있을까요? 하루 여덟 시간씩 5일을 근무하는 직장인은 마흔 시간을 일한다고 가정할 때 5년이면 고수가 될 수 있을까요? 사실 위의 2가지 연구는 이미 전문가가 된 사람들을 분석한 후향적 연구 결과입니다. 그러니 1만 시간 혹은 10년을 연습했다고 해서 모두 고수가 되는 것은 아닙니다. 그렇다면 그 차이는 무엇 때문일까요? 저는 다음 세 가지로 분석해보려 합니다.

첫 번째는 재능의 문제일 수 있습니다. 헤드헌터 경력 3년차의 권 대리. 그녀는 요즘 고민이 많습니다. 남보다 열심히 일하지만 웬일인지 좀처럼 성과가 나지 않기 때문입니다. 같은 팀의 홍 대리를 생각하면 울화가 치밉니다. 설렁설렁하는 것 같지만 자기보다 높은 성공률을 자랑하는 그녀를 볼 때마다 자괴감이 밀려옵니다. 그러나 자세히 살펴보면 권 대리는 헤드헌터에게 필수적으로 필요한 역량들이 많이 부족한 사람입니다. 같은 고객과 미팅을 해도 권 대리와 홍 대리가 파악한 키 메시지는 다릅니다. 홍 대리는 고객이 원하는 바를 정확히 이해하고 정교한 후보자 서치 전략을 수립하는 반면 권 대리는 헛다리만 짚는 경우가 허다하거든요. 그러니 성과가 다를 수밖에요. 대부분의 직장인은 어찌어찌하다 자신의 일을 결정합니다. 그 어찌어찌하게 된 일에 재능이 없는 경우 그때부터 비극이 시작됩니다. 몸과 마음을 바쳐 열심히 하는데도 진도가 나가지 않는다면 엉뚱한 우물을 파고 있는 것은 아닌지 생각해봐야 합니다. 번지수를 제대로 찾은 것인지 다시 한 번 확인해봐야 합니다. 자신이 잘할 수 있는 일을 해야 우리는 좀더 빨리 고수가 될 수 있습니다.

두 번째는 연습의 질에 관한 문제일 수 있습니다. 브라질은 월드컵에서 다섯 번 우승했고 매년 유럽 프로 축구단과 계약하는 선수가 수백 명에 이르는 나라입니다. 이름만 들어도 황홀한 펠레, 호마리우, 호날두 같은 유명 축구 선수를 배출한 브라질. 브라질이 유독 유명한 축구선수들을 다수 배출하는 이유는 무엇일까요? 많은 사람들은 그 이유를 유전자와 환경, 즉 선천적 요소와 후천적 요소의 결합으로 봅니다. 브라질의 기후는 운동하기에 적합하고, 축구에 대한 깊은 열정을 품은 다양한 혈통의 2억 2백만 인구가 있으며, 그 중 약 40퍼센트는 절망적으로 가난할 뿐 아니라 축구를 통해 현실에서 탈출하기를 간절히 꿈꾸기 때문이라고 생각합니다. 하지만《탤런트 코드》를 지은 대니얼 코일은 브라질이 훌륭한 선수들을 다수 배출한 것은 1950년대 이후로 공을 빨리 다루는 기술을 향상시킬 수 있는 특별한 방법으로 훈련해왔기 때문이라고 주장합니다. 즉, 심층 연습이 오늘날의 브라질 축구 선수를 많이 배출할 수 있는 비결입니다. 코일은 심층 연습을 통해 재능을 꽃피울 수 있다고 주장합니다.

그렇다면 심층 연습이란 무엇일까요? 심층 연습의 핵심은 실수를 많이 하는 것입니다. 실수를 하고 그것을 교정하면서 본인도 깨닫지 못하는 사이에 점점 더 민첩하고 우아한 스킬을 습득할 수 있기 때문입니다. 이는 마치 얼음으로 뒤덮인 비탈길을 오를 때 미끄러지고 넘어지면서 조금씩 앞으로 나아가는 과정과 흡사합니다. 그리고 또 한 가지 중요한 점은 '스위트 스팟'을 찾는 것입니다. 스위트 스팟은 본인의 능력과 도달해야 할 목표 간의 격차가 가장 작은 지점을 말합니다. 현재 능력보다 다소 위에 있는 목표를 선택하고 노력을 기울이는 것이 핵심입니다. 도일은 어쩌면 연습이 선천적인 능력보다 훨씬 더 중요할지도 모른다고 말합니다.

마지막은 앞의 두 가지 요소인 재능과 심층 연습의 기반이자 선행이 되는 것이라 할 수 있습니다. 바로 자신이 좋아하는 일인가의 문제입니다. 자신이 좋아하지 않은 일을 잘하면 인생이 고달파집니다. 그 일로 밥벌이는 될지언정 사는 재미가 없습니다. 하루의 대부분의 시간, 인생의 많은 시간을 좋아하지 않는 일을 하면서 보내는 것은 고문입니다. 발레리나 강수진도 피겨의 여왕 김연아도 누가 시켜서 그렇게 연습 벌레가 된 것은 아니지요. 피카소는 2만 점이 넘는 그림을 그렸고 아인슈타인은 240편의 논문을 썼고 에디슨은 1,039개의 특허를 신청했습니다. 이들은 아마도 좋아하는 일이다 보니 매일 해도 즐거웠고 그렇게 하다 보니 자연스럽게 세계 최고가 되었을 것입니다.

고수는 무엇으로 만들어질까요? 결국 자신이 잘하는 일을 조금씩 목표를 높여가면서 연습하고 즐기면 됩니다. 자신의 업무가 진정 자신이 잘하는 일인지, 전문성을 향상시킬 수 있도록 도전하며 심층 연습을 하고 있는지, 누가 시켜서가 아니라 즐기며 일하고 있는지 신 대리님도 점검해보길 바랍니다. 사람들은 핑계 대기를 좋아합니다. 재능이 없어서, 심층 연습을 할 수 있는 환경이 되지 않아서, 먹고살기에 바빠서 즐기는 일을 할 여유가 없다고 합니다. 그래요, 이해할 수 있습니다. 하지만 한 가지만 기억하세요. 신동이나 천재로 불리는 사람들이 보통 사람들과 다른 특별한 욕망을 가지고 있는 것은 아니라고 합니다. 이들은 실력을 향상시키고 싶어하는 강박적 욕망, 즉 완벽에 대한 갈망을 가지고 있을 뿐입니다. 결국 무림 고수는 완벽함을 갈망하는 사람들입니다. 신 대리님이 만약 일에서 완벽함을 추구하는 직장인이라면 당신도 고수가 될 수 있습니다. 그러니 오늘도 수련을 게을리하지 말기를 바랍니다.

파란만장,
나의 경력 전환 스토리

저는 직장생활 초기 10년 동안 커뮤니케이션 업무를 했습니다. 기업의 홍보팀에서도 홍보회사에서도 일했습니다. 홍보회사에서 일한 3년은 일의 스펙트럼과 강도 면에서 기업 홍보팀에서의 6년에 맞먹습니다. 다양한 기업들의 홍보 업무를 짧은 시간 내에 소화해내야 하기 때문입니다. 시장 분석을 통해 홍보 전략을 수립하고 언론의 관심을 끌 만한 이슈를 개발해 실행하는 것이 주요 업무였습니다. 기업 홍보팀에서의 일은 깊이가 있었습니다. 내부 고객들과의 협업을 통해 제 업무가 큰 그림에서 어떤 역할을 하는지 배울 수 있었습니다. 그렇게 10년쯤 같은 일을 하다 보니 웬만한 일은 거의 다 해보게 되었습니다. 업무에 대한 이해도가 깊어졌지요. 하지만 오랫동안 한 가지 일만 하다 보니 새로운 것을 배우는 재미는 사라졌습니다. 더구나 홍보팀은 돈을 버는 부서가 아니었습니다. 장사가 잘 되면 영업과 마케팅이 잘해서였고, 장사가 안되면 홍보팀을 탓했습니다. 제가 하는 일의 태생적 한계였습니다.

그래서 홍보 경력을 뒤로 하고 가방을 든 영업사원이 되었습니다. 제약회사에서 성공하려면 영업과 마케팅 경력이 필수라 생각하던 차에 경력의 스펙트럼을 넓혀보기로 결심한 것이었습니다. 홍보팀에서 영업팀으로 이동하는 것은 어렵지 않았습니다. 당시제가 홍보를 담당했던 발기부전 치료제의 영업 본부장이 새로운골다공증 치료제 영업팀을 꾸리게 되었는데 그를 찾아가 영업을해보고 싶다고 했습니다. 저에 대해서 호감을 가지고 있었던 그는흔쾌히 받아주었습니다. 처음으로 의사 고객을 혼자 만날 때 등에서 식은땀이 흘러내렸지만 홍보 경험 덕분에 영업 업무에 쉽게 적응할 수 있었습니다.

영업을 시작한 첫 해에 저는 탁월한 성과를 만들어 냈습니다. 다섯 명의 팀원 중 유일하게 초과 달성 성과급을 받았으니까요. 그러나 다음 해에는 상황이 역전되었습니다. 작년의 좋은 성과로 인해영업 목표액을 높게 받았던 저는, 팀에서 꼴찌가 되었습니다. 롤러코스터를 타는 실적에 짜증이 밀려왔습니다. 그런 와중에 마케팅으로의 이동을 시도하고 있었습니다. 첫해 영업 성과가 나쁘지 않왔던 저에게 마케팅팀에서의 러브콜이 몇 번 있었는데 어느 순간 저는 영업을 마케팅으로 이동하기 위한 하나의 관문으로 여기고 있었습니다. 하지만 이동은 번번이 좌절되었습니다. 영업 2년 차가 되자 직급은 벌써 차장이었습니다. 당시 마케팅팀장들이 저와 비슷한 연배였으니 마케팅 경력이 없는 나이 많은 팀원인 저는, 부담스러운 존재였을 것입니다. 이러한 상황이 맞물리면서 영업 업무에 싫증이 났습니다. 출근 시간이 점점 늦어지고, 거래처가 아닌 곳에서 보내는 시간이 늘어나면서 영업을 떠나야 한다는 것을 깨달았습니다. 하지만 좀처럼 기회는 오지 않았고 초조했습니다.

결국 2년간의 영업 경력을 마감하고 도망치듯 교육팀으로 이동했습니다. 당시 교육팀은 영업사원을 대상으로 세일즈 교육을 실행하는 트레이너와 영업효율을 증진하는 SFE[Sales Force Effectiveness] 담당자로 나뉘어 있었습니다. 저는 교육팀장의 스카우트를 받아들여 새로운 SFE시스템의 론칭 담당자로 일하게 되었습니다. 이 일은 상당히 전망이 좋았습니다. 제약 산업을 둘러싼 환경이 어려워지면서 효율을 중시하는 분위기가 고조되면서 새롭게 떠오르는 분야였으니까요. 하지만 이 일은 제게 맞는 일이 아니었습니다. 영업이 하기 싫어 택한 자충수였습니다. 숫자 감각을 기반으로 한 분석 능력과 IT 지식이 필요했던 이 일은 제가 잘할 수 있는 일이 아니었습니다. 또한 효율을 높인다는 미명하에 사람을 평가하고 몰아세우는 일은 하고 싶은 일도 아니었습니다. 결국 이 일을 2년 정도 하고 완전히 지쳐 회사를 떠났습니다.

이후 안식년을 보내며 스승 구본형을 만나 책을 읽고 글을 쓰며 마음을 닦았습니다. 수련 기간 동안 매주 8백 페이지가 넘는 신화, 역사, 철학, 경영, 문학 서적과 씨름하면서 '나는 누구인가'를 탐구했습니다. 1년 동안의 연구원 과정이 끝날 즈음, 조직으로 돌아가기로 결심했습니다. 저는 남편이나 아이들의 성취를 뒷바라지하며 만족하는 현모양처 스타일이 아니었습니다. 저만의 일과 성취가 필요한 이기적인 여자였습니다. 1인 기업가도 생각해보았지만 당시 저의 내공은 무림고수를 상대하기엔 역부족이었습니다. 그래서 제약회사에서의 근무 경험을 기반으로 미래에 하고 싶은 일을 준비할 수 있는 곳이 어디일까 고민했습니다. 그리고 서치펌 의료제약팀 컨설턴트로 재취업을 했습니다. 제약회사에 있을 때부터 알고 지냈던 대학 후배의 도움 덕분이었습니다. 지금은 이러한 경험과 전문성을 기반으로 독립해 직장인들의 자기발견과 커리어 컨설팅 전문회사를 운영하고 있습니다.

직장생활 17년 동안 나는 다양한 업무를 경험했습니다. 홍보에서 시작해 영업, 교육SFE, 그리고 헤드헌팅까지. 파란만장한 저의 경력 전환 스토리를 돌이켜 보니 많은 분들의 도움으로 여기까지 왔다는 생각이 듭니다. 새로운 일에 도전할 때마다 믿고 기회를 주신 분들이 없었다면 여전히 같은 자리를 지키고 있었겠지요.

또한 각각의 일들이 서로 연관이 없어 보이지만 과거의 경험을 기반으로 새로운 일을 만나도 빠르게 적응할 수 있었습니다. 그러나 아쉽게도 나의 재능이나 관심사를 잘 모른 채 사람들이 유망하다고 하는 곳으로 불나방처럼 달려들었고 서서히 지쳐갔습니다. 또한 너무 조급했습니다. 최선을 다하고 느긋하게 기다릴 줄 아는 사람이 아니었습니다. 그래서 일에서도 관계에서도 어려움을 겪었습니다. 이 글을 읽는 그대는 저와 같은 실수를 범하지 않으면 좋겠습니다. 경력계발을 위한 중요한 결정을 내릴 때, 무작정 높은 곳으로 오르기 보다는 자신을 잘 알고 자신에게 맞는 선택을 하길 바랍니다. 또한 성숙하게 때를 기다릴 줄 아는 이가 되기를 바랍니다. 그대를 응원합니다.

회사에서
평생
커리어를
만들어라

5장

그대에게
필요한
기술들

헤드헌터,
어떻게 활용해야 할까요?

얼마 전 모르는 헤드헌터로부터 전화를 받았습니다. 제 이력을 알고 모 회사로의 이직을 권유하더군요. 경쟁 회사의 포지션을 제안하길래 일단 거절은 했지만 향후 이직 계획이 있으니 관련된 포지션이 있으면 연락을 달라고 했습니다. 그런데 그 헤드헌터는 제 전화번호를 어떻게 알았을까요? 저는 잡포털이나 서치펌에 이력서를 등록한 적이 없는데요. 그 사람을 믿고 이직해도 되는 것일까요? 이야기를 들어보니 경쟁사의 상황에 대해서 잘 알고 있기는 했지만 확신이 서지 않았습니다. 헤드헌터를 어떻게 활용해야 할지 알려주세요.

어리둥절한 표 대리

표 대리님, 헤드헌터에 대해서 궁금한 점이 많으시군요. 본격적인 이야기를 하기 전에 이 질문부터 시작해볼게요. 이직을 할 때

회사에서
평생 커리어를
만들어라

개인적으로 지원하는 것이 좋을까요, 아니면 헤드헌터를 통하는 것이 좋을까요? 구직자 입장에서는 헤드헌터를 통하는 것이 여러 가지 면에서 편리합니다. 헤드헌터는 회사와 포지션에 대해서 많은 정보를 가지고 있어 면접이나 연봉 협상 과정에서 구직자에게 도움을 줄 수 있거든요. 하지만 회사의 입장에서 보면 개인 지원자를 더 선호할 수 있습니다. 헤드헌터를 통하면 채용 수수료가 발생하니까요. 하지만 회사는 별로인(?) 인재를 싸다는(!) 이유만으로 채용하지는 않습니다. 정말 좋은 인재라면 기꺼이 비용을 지불합니다. 이외에 지인을 통해 지원하는 경우도 있는데 이때는 추천인이 누구인가에 따라 결과가 달라질 수 있습니다. 추천인이 조직 내에서 영향력이 있는 핵심 인재라면 좋은 결과를 기대해도 좋지만 그렇지 않다면 결과도 별로겠죠.

다음으로 아주 기본적인 사항 한 가지를 짚고 넘어갈게요. 헤드헌터는 기업으로부터만 수수료를 받습니다. 구직자에게 금전을 요구하는 헤드헌터라면 사기꾼이라고 생각하세요. 마지막으로 표 대리님처럼 이직 의사를 밝힌 적이 없는데 헤드헌터의 전화를 받았다면 누군가 표 대리님을 유망한 인재로 추천한 것입니다. 그러니 의심의 눈초리는 거두셔도 좋습니다.

중개인일까, 컨설턴트일까?

이 질문에 대한 답변은 '어떻게 활용하느냐에 따라 다르다'가 정답입니다. 헤드헌터는 이직 중개인일 수도 있고 커리어 컨설턴트일 수도 있습니다. 중개인이 필요하다면 관심 있는 포지션을 담당하는 헤드헌터를 찾으면 됩니다. 잡포털이나 서치펌 홈페이지의 채용 정보를 살펴보고 관심이 있는 포지션을 담당하는 헤드헌터에게 연락을 합니다. 자신의 프로필을 밝히고 어떤 회사인지, 자신이 지원 자격이 되는지 등을 문의합니다. 헤드헌터들은 채용 진행 후보자에 한해서 포지션 정보를 공개한다는 점을 알아두세요. 그러니 문의할 때 개인 정보와 경력 등을 미리 밝히는 것이 좋습니다.

해당 포지션에 정식으로 지원하기로 결정했다면 회사와 포지션에 대한 세부 정보를 물어보세요. 채용 배경은 무엇인지, 상사는 어떤 사람인지, 회사가 어떤 인재를 선호하는지, 담당 업무가 무엇인지, 이 포지션으로 이동할 경우 경력상 어떤 이익이 있을지 등등을요. 만약 이런 질문에 대해서 제대로 된 대답을 못한다면 그 사람은 이직 중개인일 뿐입니다. 그 포지션이 끝나면 연락할 일은 없을 겁니다. 하지만 경험과 전문성이 우수한 헤드헌터라면 향후에도 커리어 컨설턴트로 활용할 수 있습니다.

직접 만나 자신을 어필하라

헤드헌터로 일할 때, 제가 담당하는 포지션에 인터뷰를 하는 후보자는 반드시 만나봤습니다. 서류상에 나타나는 학력과 경력 정보만으로는 어떤 사람인지 알기 쉽지 않거든요. 만나보면 대략 감이 오기 마련이지요. 사전 미팅을 한 후에는 후보자에 대한 의견을 고객사에게 전달하곤 했습니다. 생각지 못한 폭탄(!)인 경우에는 경고를, 서류보다 괜찮은 경우에는 적극 권유의 코멘트를 전했습니다.

가끔 헤드헌터의 사전 미팅 요청을 거절하는 후보자들이 있었습니다. 저는 이런 후보자는 추천에서 과감히 배제했습니다. 상대에 따라 다르게 반응하는 사람이라면 좋은 인재로 보기 어려우니까요. 그러니 해당 포지션에 지원 의사가 있다면 헤드헌터를 만나 자신의 경험과 전문성을 적극적으로 어필하는 것이 좋습니다. 또한 헤드헌터에게 우호적인 인상을 심어주는 것이 여러 가지 면에서 유리합니다. 그와의 미팅을 모의 면접이라고 생각하고 매너 있게 행동한다면 다른 이직의 기회를 잡을 수도 있으니까요.

커리어 컨설턴트로 활용하라

유명 해외 대학을 졸업하고 모 대기업 금융 계열사 인사팀에서 일하던 사람이 있었습니다. 보수도 좋고 누구나 알 만한 회사에 다닌다는 자부심으로 묵묵히 일했습니다. 하지만 30대 중반을 넘기고 보니 그는 이직이 어려운 처지가 되고 말았습니다. 나이에 비해 전문성이 턱없이 부족했거든요. 인사 전문가가 되려면 채용, 급여, 평가, 보상, 조직 개발, 교육 등 HR의 전반적인 경험이 필요한데 그가 한 일이라고는 8년 동안 급여 업무가 전부였거든요. 그에게 자신의 경력에 대해서 객관적인 조언을 해줄 수 있는 커리어 컨설턴트가 있었다면 그 지경이 되지 않았을 텐데 참으로 안타까웠습니다. 믿을 만한 헤드헌터가 있다면 그를 커리어 컨설턴트로 적극 활용하세요. 꼭 이직이 아니더라도 직장에서 있을 수 있는 다양한 경력계발 이슈를 상의해보세요. 요즘은 헤드헌터도 산업별 전문성을 갖추고 일하는 추세입니다. 저는 제약회사 근무 경험을 살려 헬스케어 전문 헤드헌터로 일했습니다. 구직자들에게 전반적인 헬스케어 산업의 동향과 주요 회사의 이슈들에 대해서 컨설팅을 해주고 경력 가치 평가를 기반으로 이직 가능성이 높은 경로를 조언했습니다. 유능한 커리어 컨설턴트와 지속적으로 교류한다면 경력계발에 큰 도움을 받을 수 있습니다.

경력 공백이 8년이나 되는 약사의 재취업을 도운 적이 있었습니다. 아이를 낳고 키우다 보니 어느덧 시간이 훌쩍 흘러버린 겁니다. 나이도 많고 공백도 길어 그녀가 갈 수 있는 자리를 찾기란 쉽지 않았습니다. 하지만 관점을 바꾸니 길이 보였습니다. 그녀는 출산 전에 제약회사에서 일했거든요. 그 경험을 토대로 병원 임상시험센터 사무국장에 도전해 합격했습니다. 유명 기업에서 홍보팀장으로 16년을 일했던 고 팀장은 모 정부산하기관 대표의 수행비서로 출근하게 되었습니다. 공백이 길어지면서 일자리를 찾기가 쉽지 않았는데 인연의 끈이 이번에는 제대로 이어졌습니다.

저는 이 일이 복을 짓는 일이라고 생각했습니다. 그 어떤 일보다 의미 있는 일이라고 생각했습니다. 구직자들에게 '눈에 보이는 안내자'로 그들의 인생 경영을 돕고 있다고 자부했습니다. 지금은 조금 다른 위치에 있지만, 직장인들을 도우며 의미와 가치로 충만한 아름다운 인생을 만들어가고 싶습니다.

면접에서 떨어지는 이유를
모르겠습니다

면접에서 자꾸 떨어져 고민입니다. 제 스펙이 그리 나쁜 편은 아니거든요. 소위 명문대라 부르는 대학을 나와 유망한 기업에서 경력을 쌓았습니다. 집안 사정으로 잠시 쉬다가 다시 구직 활동을 시작했습니다. 그런데 서류 통과는 문제가 없는데 면접에서 번번이 미끄러지네요. 회사와 포지션에 대해 철저히 연구도 하고 나름대로 준비를 많이 하는데 왜 자꾸 떨어지는지 도무지 모르겠습니다. 문제가 뭘까요?

자꾸 떨어져 풀이 죽은 8년차 강 과장

강 과장님, 면접을 어려워하고 있군요. 제가 헤드헌터로 일할 때 얻은 깨달음이 하나 있습니다. '적합한 후보자를 찾아내는 것도 중요하지만 찾아낸 후보자를 적합한 사람으로 만드는 것도 그 못지않게 중요하다'는 것입니다. 일부 후보자의 경우 경력과 전문성은 훌륭하지만 이를 표현하는 과정에서 역량을 제대로 발휘하지 못해 탈락하고 마는 안타까운 경우들이 있거든요. 강 과장님 같은 경우 말입니다. 면접에서 자꾸 떨어지는 구직자에게는 섬세한 면접 코칭과 리허설이 필요합니다. 제가 며느리도 모르는 '백전백승을 보장하는 면접 기술'을 알려드릴게요.

첫째, 질문의 의도를 파악하라

우선 면접 자리에서 자주 오가는 질문부터 알아봅시다.

· 왜 이직을 하려 하는가?

· 왜 이 포지션에 지원했는가?

· 지금까지 이룬 업무상의 성과는 무엇인가?

· 일하면서 힘들었던 점이 무엇이며 그것을 어떻게 극복했는가?

· 이 포지션과 관련된 자신의 경쟁력은 무엇이라고 생각하는가?

· 성격의 장단점은 무엇인가?

· 장기적인 경력계발 계획을 가지고 있는가?

· 우리 회사 제품의 특징과 시장 상황을 알고 있는가?

· 해당 포지션으로 입사할 경우 어떤 계획 또는 포부를 가지고 있는가?

각 질문은 의도를 가지고 있습니다. 예를 들어 이직이나 지원 동기를 묻는 질문은 '너 지금 직장에서 뭔가 문제가 있어서 옮기려는 거니?'라고 묻는 것입니다. 힘들었던 점과 극복 스토리를 묻는 것은 '너 힘들다고 금방 포기하는 사람 아니지?'라는 뜻입니다. 잦은 이직으로 이력서가 어지러운 후보자에게 면접관은 '이직을 자주한 특별한 이유가 있는가?'라고 묻습니다. 이 질문의 속뜻은 '너 Job Hopper(직업을 자주 바꾸는 사람) 아니니?'라는 의미입니다. 답변의 의도를 파악하면 면접관이 듣고자 하는 답변을 할 수 있습니다. 면접관의 입장에서 생각하는 것이 정답을 찾을 수 있는 비결입니다.

둘째, 맞춤 답변을 하라

면접관이 강 과장님에게 간단히 자기소개를 해보라고 합니다. 어떻게 해야 할까요? 이때 어린 시절부터 거슬러 올라가 가족 관계와 학창 시절의 추억까지 들먹이면 곤란합니다. 중요한 포인트는 지원한 포지션과 연결된 맞춤 답변을 하는 것입니다. 작은 회사의 재무 담당 포지션에 지원한 후보자는 자기소개를 할 때 작은 조직에서 주도적으로 일한 경험을 강조하는 것이 좋습니다. '저는 대학에서 회계학을 전공하고 30명 규모의 작은 회사에서 실무 경험을 쌓았습니다. 당시 조직이 작아 지원 부서도 제대로 없었고 제가 다양한 업무를 소화해내야 했습니다. 하지만 덕분에 좋은 경험을 많이 했습니다.' 면접 답변의 킬링 포인트는 회사와 포지션에 대해서 열심히 연구하고 자신의 경력과 연결 고리를 찾아 강조하는 것'입니다.

셋째, 구체적인 사례를 들어라

면접관의 질문에 빤한 대답을 내놓는 구직자들이 많습니다. '업무상 필요한 인적 네트워크를 보유하고 있는가?'라는 질문을 받았다고 가정해보죠. 이때 '제가 업계에서 15년을 일했기 때문에 지인들이 많습니다'라고 말하면 20점짜리 답변입니다. 다음과 같이 구체적으로 답해야 합니다. '모 회사의 아무개 부장님은 제 학교 선배입니다. 예전에 그 회사와 중요한 계약이 있었는데 그 선배님 덕분에 좋은 결과를 얻었습니다. 모 기관의 아무개 국장님은 전 직장 상사입니다. 아무개 국장님 덕분에 변화하는 산업 환경과 정부 정책에 관한 소중한 정보를 얻고 있습니다. 이러한 저의 인적 네트워크가 본 포지션의 업무를 수행하는 데 큰 도움이 될 거라 생각합니다.' 면접관이 아무개 국장이나 아무개 부장을 몰라도 상관없습니다. 실명을 거론하고 자신의 역량을 발휘한 실제 사례를 구체적으로 들려줘야 합니다.

넷째, 부정적인 언급을 삼가라

면접에서 절대 빠지지 않는 질문이 있습니다. 바로 지원 사유입니다. 젠틀한 면접관이 호감 가득한 표정으로 '지금도 좋은 직장에 다니고 있는데 왜 이직을 결심했어요?'라고 물으면 마음속 깊이 담아둔 이야기를 술술 털어 놓는 지원자들이 있습니다. 여기에 절대 넘어가면 안 됩니다. 안타깝게도 솔직하게 답변하고 탈락의 고배를 마시는 사람들이 많거든요.

조 과장은 이런 답변을 했습니다. '솔직히 말씀드리면 지금 직장에 여직원들이 많습니다. 남자가 많은 조직에서 일하다가 이곳에 와서 여직원들과 소통하는 것이 너무 힘들었습니다. 지난 5개월 동안 몸무게가 10킬로그램이나 빠졌습니다. 그래서 이직을 하고 싶습니다.' 이런 대답을 들은 면접관은 어떤 생각을 할까요? '아, 이 사람은 여자들과 소통을 못하고 스트레스 관리가 안 되는 사람이구나!'라는 결론을 내립니다. (설상가상으로 그 회사 역시 여직원 비중이 높은 조직이었습니다. 조 과장은 결국 탈락했지요.)

정 대리는 이렇게 말했습니다. '회사에 입사해 보니 처음에 이야기했던 사항과 너무 달랐습니다. 조직도 제대로 정비되어 있지 않고 담당 업무도 얼마 되지 않아 변경되었습니다. 그래서 퇴사했습니다.' 답변을 들은 면접관은 다음과 같이 생각합니다. '이 사람은 조직 변화에 능동적으로 대처할 수 있는 인재가 아니구나.'

다시 강조하지만 면접에서 전 직장과 상사에 대해서 절대로 부정적인 언급을 해서는 안 됩니다. 자칫하면 남의 탓을 하는 부정적 사고의 소유자로 비치기 십상입니다.

다섯째, 통찰력 있는 질문을 하라

면접관만 질문하는 시대는 갔습니다. 요즘은 후보자도 면접관에게 질문을 합니다. 일부 회사들은 인터뷰 말미에 후보자에게 질문의 기회를 주기도 합니다. 이때 반드시 해야 할 것이 통찰력 있는 질문입니다. 이런 황금 같은 기회를 하찮은 질문, 예를 들면 연봉이 얼마인지, 복지제도는 잘 되어 있는지, 같은 것들로 허비해서는 안 됩니다. '나는 이 회사와 포지션에 대해서 지대한 관심을 가지고 있습니다'라는 메시지를 질문을 통해 우회적으로 전해야 합니다. '기사 검색을 해보니 귀사에는 이런 이슈가 있더군요. 제가 보기에는 그런 이슈는 이렇게 저렇게 해결하면 될 것 같은데 어떻게 진행되고 있나요?' 또는 '귀사의 해당 시장에서의 전략과 사업 방향이 궁금합니다' 같은 질문을 던져야 합니다. 그러면 면접관은 후보자가 큰 그림을 그릴 줄 아는 능력의 소유자라는 인상을 받게 됩니다.

여섯째, 진정성을 보여라

마지막 기술은 앞의 다섯 가지 모두에 성실히 임했을 때 비로소 효과를 발휘합니다. 바로 진정성입니다. 이것이 없다면 면접은 별 의미가 없지요. 사실 진정성을 어떻게 어필해야 하는가, 설명하기는 쉽지 않습니다. 하지만 면접관은 분명히 느낍니다. 조금 부족하고 어눌한 말솜씨로 답변을 하더라도 진심이 담겨 있다면 면접관의 마음은 움직입니다. 절실함을 마음에 품은 사람은 울림이 다르거든요. 진정성을 어필할 수 있는 가장 효과적인 방법은 적극적인 모습을 보이는 것입니다. 밤을 새워 만든 제안서를 면접관들에게 보여주며 열정을 어필한 후보자는 합격의 영광을 안았습니다. 그 회사에 꼭 입사하고 싶다면 철저히 준비하고 적극적으로 어필해야 합니다.

공자가 이런 말을 한 적이 있다고 합니다. '나는 말을 잘하는 것으로 사람을 골랐다가 재여에게 실수하였고, 생김새만 보고 사람을 가리다가 자우에게 실수하였다.' 재여는 자공과 쌍벽을 이루었던 인물로 말재주가 특히 뛰어났던 공자의 제자였습니다. 공자는 그에게 늘 말을 조심하라고 일렀는데 후에 재여가 제나라 도읍인 임치의 대부가 되었으나 전상과 함께 난을 일으켰다가 일족이 모두 죽자 공자는 이를 매우 부끄럽게 여겼다고 합니다.

구직 현장에서 다양한 사람들을 만나다 보면 재여 같은 인물을 마주치곤 합니다. 말은 번지르르하지만 진심이 느껴지지 않는 사람들입니다. 반면 다소 서툴고 투박한 말투라도 마음을 울리는 사람들이 있습니다. 사실 면접관들도 이런 사실을 간파하고 있습니다. 그들은 많은 경험을 통해 말만 잘하고 일을 못하는 사람도 있고, 말은 못해도 일을 잘하는 직원이 있음을 알고 있거든요. 백전백승을 보장하는 면접 기술의 핵심은 진정성입니다. 강 과장님이 면접에서 여러 번 고배를 마셨다면 자신이 진정 그 일을 원하고 있는지, 진심을 다해 면접에 임했는지 다시 한 번 생각해보길 바랍니다.

좋은 인상을 남기며
떠날 방법을 알려주세요

끈질긴 구직 활동 끝에 원하던 회사에 드디어 합격했습니다. 돌이켜보니 정말 우여곡절이 많았네요. 이제 퇴사 절차를 밟아야 하는데 이직이 처음이라 막막하기만 합니다. 합격한 회사에서는 최대한 빨리 오라고 아우성인데 주위에 이직하는 사람들 보니까 마무리가 더 중요하다는 생각도 듭니다. 업계가 워낙 좁다 보니 한 다리만 건너도 다 아는 처지라 좋은 인상을 남기며 떠나고 싶습니다. 잡음을 남기지 않고 옮기려면 어떻게 해야 할까요?

좋은 이별을 준비 중인 김 대리

김 대리님, 축하합니다. 회사를 다니면서 이직을 준비하는 일이 쉽지 않은데 성공하셨군요! 퇴사 매너는 많은 직장인들이 궁금해

하는 주제입니다. 김 대리님에게 도움이 될 만한 내용을 정리해볼게요. 제목은 '아름다운 마무리를 위한 퇴사 매너 5계명'입니다.

1계명 │ 직속 상사에게 제일 먼저 알려라

시작하기 전에 아주 기본적인 사항인데 많은 직장인들이 놓치고 있는 것부터 짚고 넘어 갈게요. 회사에 퇴사 의사를 밝히는 시점은 옮길 회사의 고용 계약서에 서명한 이후로 잡는 것이 좋습니다. 일부 구직자 중에는 성급한 마음에 구두 확인만 받고 현 직장에 퇴사를 알리는 경우가 있는데 자칫 곤란해질 수 있습니다. 일부 회사의 경우 서면 통보를 하지 않은 상황에서는 합격을 번복하기도 하거든요. 만약 이직할 회사에서 입사 후 고용 계약서에 서명을 하자고 한다면 이메일이라도 합격 통보를 받은 증빙을 남겨두는 것이 좋습니다. 고용 계약서가 마무리 되었다면 제일 먼저 직속 상사에게 알려야 합니다. 상사에게 최대한 예의를 갖추어 정중하게 양해를 구하는 방식이 좋습니다. 자신의 역량을 알아보고 많은 기회를 준 것에 대해서 감사를 표하고 개인적인 발전을 위해 다른 선택을 하게 되었음을 설득합니다. 직속 상사와 심정적으로 가까운 사이가 아니라면 되도록 이직할 회사에 대한 구체적인 정보는 노출하지 않는 것이 좋습니다. 입사 전에 불필요한 잡음을 유발할 수 있으니까요. 간혹 직장 상사보다 동료나 선후배, 심지어 직속 상사의 상사에게 먼저 소식을 전하는 경우가 있는데 이런 경우 직속 상사가 상당한 배신감을 느낄 수 있으니 주의해야 합니다.

2계명 | 최소한 한 달 전에 알려라

퇴사 의사는 최소한 한 달 전에 회사에 알리는 것이 좋습니다. 그래야 회사도 업무 공백을 최소화할 방법을 찾을 테니까요. 일부 구직자의 경우 현 직장에 마음이 떠나서 또는 새로운 출발에 마음이 들떠서 서둘러 퇴사하는 경우가 있는데 책임감이 없고 미성숙한 사람으로 낙인찍히기 쉽습니다. 외국계 소비재 회사에 입사했던 강 주임은 무책임하게 일주일 만에 퇴사를 해서 원성을 샀지요. 만약 현 직장의 사정상 한 달 동안 업무 정리가 어렵다면 이직하는 회사에 양해를 구해 입사 시점을 다소 연기해달라고 요청해도 괜찮습니다. 이직하는 회사는 항상 빨리 오라고 서두르지만 정말 놓쳐서는 안 되는 인재라면 1~2주 정도는 양해해줍니다. 외국계 의료기기회사에 입사한 박 주임도 한 달 반 동안 업무를 정리하고 새로운 직장으로 출근했습니다.

3계명 | 카운터 오퍼는 받아들이지 마라

이제 제일 어려운 부분이 남았습니다. 퇴사 의사를 밝힌 구직자의 경우 현 직장으로부터 카운터 오퍼counter offer를 받고 고민하는 경우가 종종 있습니다. 만약 김 대리님이 카운터 오퍼를 받는다면 자부심을 가져도 괜찮습니다. 핵심 인재로 포지셔닝되어 있다는 증거니까요. 보통 회사는 카운터 오퍼로 연봉 인상이나 승진, 또는 원하는 부서로의 이동을 내겁니다. 그러면 마음이 흔들리게 됩니다. 새로운 조직에서 적응하고 능력을 인정받으려면 상당한 시간과 노력이 필요한데 지금 조직에서는 두 마리 토끼를 잡을 수 있겠다는 생각이 들 수 있거든요. 하지만 이것은 독사과일지도 모릅니다. 회사는 조직원의 역량뿐 아니라 충성심을 그 무엇보다 중요하게 생각합니다. 이직 의사를 밝혔던 직원은 '언젠가 기회만 되면 떠날 사람'으로 인식됩니다. 당장 얼마간의 연봉 인상과 직급 상승은 가능하겠지만 결정적 순간에 조직은 당신에게서 호의를 거둘 것입니다. 또한 얼마 되지 않아 당신의 마음도 변할 것입니다. 실제로 카운터 오퍼를 받아들여 이직을 포기했던 구직자들이 다시 이직 의사를 밝히는 경우가 많습니다.

4계명 | 인수인계를 철저히 하라

앞의 과정을 잘 마무리했다면 이제 업무 인수인계를 할 차례입니다. 후임자가 정해지지 않았다면 담당 업무를 한 눈에 볼 수 있도록 정리하는 작업부터 시작합니다. PC에 있는 폴더와 파일들을 정리하고 주요 업체와 파트너들의 연락처를 일목요연하게 기록합니다. 주요 프로젝트는 진행 경과와 성과 등을 알기 쉽게 정리하면 후임자가 업무를 시작하는 데 큰 도움이 될 것입니다. 후임자가 정해졌다면 일주일 정도 함께 회의를 하고 거래처 파트너들을 만나며 직접 소개를 해주는 것도 좋은 방법입니다.

5계명 | 인간관계를 점검하라

이제 고마운 사람들에게 감사의 인사를 전할 단계입니다. 생각보다 세상은 좁습니다. 언제 어디서 어떻게 인연이 닿아 만날지 모릅니다. 그러니 최대한 좋은 인상을 남기고 떠나야겠지요. 다소 불편한 관계에 있던 사람이라면 용서의 아량을 발휘해 풀고 가세요. 요즘은 인재를 채용할 때 전방위적인 평판조회가 이루어지고 있습니다. 누구에게 물어봐도 능력 있고 성숙한 인재라는 답변을 들을 수 있도록 평판을 관리할 필요가 있습니다.

가끔 아까운 인재인데 퇴사할 때의 일로 취업에 어려움을 겪는 후보자를 만나곤 합니다. 최 과장이 그랬습니다. 당시 최 과장은 모 회사의 마케터 포지션의 실무 면접을 합격하고 임원 면접을 기다리고 있었습니다. 워낙 실무 면접 결과가 좋아 임원 면접은 구색 맞추기 정도인 상황이었습니다. 그런데 이게 웬일입니까? 인사팀으로부터 최 과장의 면접을 더 이상 진행하지 않겠다는 연락이 온 것입니다. 심지어 채용 담당자는 '어떻게 이런 사람을 추천할 수가 있느냐'고 저에게 따졌습니다. 도대체 무슨 일이 있었을까요? 수소문을 해보니 충격적인 사실이 밝혀졌습니다. 최 과장은 전 직장을 자의 반 타의 반으로 퇴사하면서 자신과 사이가 좋지 않았던 사람에 대한 투서를 했습니다. 이 일로 회사가 발칵 뒤집어지고 여러 사람들이 피해를 입었으니 최 과장은 조직에 위해를 입힐 수 있는 고위험 인재인 셈입니다.

김 대리님, 어떤 곳을 떠날 때는 그곳에 처음 왔던 마음을 떠올려보는 것도 좋습니다. 퇴사할 때도 마찬가지입니다. 힘들고 어려운 일도 있었지만 많은 것을 배우고 땀 흘렸던 곳이 아닙니까. 그러니 아름다운 뒷모습을 보이며 떠나는 것이 좋습니다. 조금 더 넉넉한 마음으로 감사의 마음을 동료들에게 전하고 떠나세요. 그러면 사람들은 김 대리님을 아름다운 사람으로 기억할 것입니다. 잘 마무리하길 바랍니다.

회사에서
평생 커리어를
만들어라

아쉬움이 남는 면접,
다시 기회를 얻을 수는 없을까요?

얼마 전 외국계 회사의 마케팅 포지션에 지원해 외국인 임원과 인터뷰를 했습니다. 정말 욕심이 나는 자리였기에 많은 준비를 하고 인터뷰에 임했지만 큰 아쉬움이 남았습니다. 언어의 한계도 있었지만 제가 전하고자 했던 메시지를 명확히 전달하지 못했거든요. '아! 딱 한 번만 더 만날 수 있다면!'이라고 탄식했지만 이미 버스는 떠났습니다. 면접관에게 제가 못 다한 이야기를 매너 있게 전할 수 있는 방법은 없을까요? 탈락 통보는 받았지만 이렇게 포기하고 싶지는 않습니다. 떠나간 버스를 돌아오게 하는 기술을 알려주세요.

기회를 기다리는 박 과장

박 과장님, 정말 안타깝네요. 최상의 기량을 발휘해야 하는 자리였는데 기회를 놓치고 말았어요. 하지만 너무 실망하지 마세요.

결과를 뒤집을 방법이 있습니다. 버스커 버스커라는 가수 아시죠? 오디션 프로그램 〈슈퍼스타 K〉를 통해 가수로 데뷔한 그룹이지요. 〈벚꽃 엔딩〉, 〈여수 밤바다〉 등 주옥 같은 노래로 사랑받는 이들은 패자부활전을 통해 되살아나 큰 성과를 거둔 역전의 용사들입니다. 최종 예선에서 탈락했지만 뒤늦게 톱 11에 합류하며 준우승을 차지했습니다. 취업 현장에서도 이런 패자부활전의 승자들이 종종 나타납니다. 그 속에 숨어 있는 반전의 기술은 바로 땡큐 레터^{Thank You Letter}입니다.

땡큐 레터는 말 그대로 감사 편지입니다. 결혼식이나 장례식, 개업식에 참석하면 행사의 주관자들이 참석자들에게 보내곤 하지요. 감사 편지는 취업 현장에서는 인터뷰를 마친 후보자가 면접관에게 이메일을 보내는 형태로 활용됩니다. 감사 편지를 통해 패자부활의 신화를 쓴 주인공들의 이야기를 들어볼까요?

보험회사에서 교육 담당자로 일하고 있는 윤 과장은 1차 인터뷰에서 탈락의 고배를 마셨습니다. 면접관은 그의 인성과 태도 면에서는 후한 점수를 주었습니다. 하지만 윤 과장의 경력이 긴 편인데 교육팀의 규모가 작다 보니 그에게 어떻게 동기부여를 해야 할지 모르겠다며 그를 탈락시켰습니다. 윤 과장은 탈락 사유가 도무지 이해되지 않았습니다. 어떻게 자신을 어필할까 한동안 고민하던 그는 면접관에게 이메일을 보냈습니다. 사실 내용은 그리 특별한 것이 없었습니다. 하지만 타이밍이 절묘했습니다. 그가 탈락한 후 면접관은 다른 후보자들을 여럿 만났습니다. 하지만 마음에 드는 사람은 없었죠. 그러다 그즈음 회사에 노동조합이 생겼습니다. 회사에는 교육 담당자로 전문성도 갖췄으면서 노조원의 대부분인 남자 영업사원들과 긴밀한 커뮤니케이션이 가능한 사람이 필요하다는 분위기가 고조되고 있었습니다. 면접관은 얼마 전받은 감사 메일을 떠올렸습니다. 윤 과장은 영업 경력과 교육 경력을 고루 갖춘 데다 남자 사원들을 주로 교육했었거든요. 그래서그를 2차 인터뷰 후보로 올렸습니다. 결국 윤 과장은 그 회사 입성에 성공했습니다. 혹자는 기막힌 우연이고 행운이라고 말할 수 있을 겁니다. 하지만 행운은 준비와 기회의 교차점에 존재한다고 하지요? 그는 준비하고 실행하여 행운을 잡은 것입니다.

다음으로 두 번의 활쏘기로 명중의 쾌거를 이룬 양 주임을 만나 볼까요? 양 주임은 의료기기회사의 마케팅 커뮤니케이션(마컴) 전문가 포지션에 지원했습니다. 그녀는 다국적 의료기기회사에서 마컴 담당자로 근무한 후 홍보회사에서 다양한 프로젝트를 경험하며 홍보 전문가로 성장했습니다. 이력으로 보면 이 포지션에 꼭 맞는 후보자였습니다. 1차 인터뷰 느낌은 나쁘지 않았습니다. 분위기도 괜찮았고 직속상관인 면접관과 이야기도 잘 통했습니다. 인터뷰가 끝난 당일 그녀는 면접관에게 인터뷰 기회를 주어 감사하다는 이메일을 보냈습니다. 그리고 은근히 기대를 품고 기다리고 있었습니다. 그런데 이게 어찌된 일인가요? 그녀에게 전해진 소식은 탈락이었습니다. 전문성 면에서는 좋은 점수를 받았지만 외국에서 유학한 상대 후보자의 영어 실력에 밀렸던 것입니다. 전장에서 승패는 적수의 역량에 따라 상대적으로 결정됩니다. 이번 전쟁에서 그녀는 외국어라는 무기가 약해 패배할 수밖에 없었습니다. 탈락 통보를 받은 그녀는 망연자실했습니다. 너무 실망스러웠지만 그녀는 면접관에게 다시 한 번 이메일을 보냈습니다. 비록 탈락했지만 좋은 경험이었고 다른 기회에 다시 만나기를 희망한다는 내용이었습니다. 그녀는 쓰라린 가슴을 부여잡고 마음을 다잡으려 노력했습니다. 그런데! 그로부터 보름 뒤 회사에서 연락이 왔습니다. 2차 인터뷰를 진행하겠다는 것이었습니다. 유력한 후보자가 연봉 협상에서 탈락하여 그녀에게 기회를 주기로 했다는 것이었습니다. 이후 그녀의 활약은 눈부셨습니다. 2차, 3차 인터뷰를 속전속결로 해치우더니 해외 면접관과의 전화 인터뷰에서까지 우수한 점수를 받아 합격했습니다.

자, 이쯤에서 감사 편지 쓰는 법에 대해서 알아볼까요? 정말 원하는 포지션이라면 인터뷰 후에 면접관에게 자신을 다시 한 번 각인시키는 용기를 내보는 것이 좋습니다. 별것 아닌 것 같지만 사람은 작은 배려에 감동하기 마련입니다. 만약 여러 명의 후보자 중에서 감사 편지를 보낸 사람이 소수라면 플러스 점수를 받을 겁니다. 면접 자리에서 면접관의 명함을 받았다면 그의 이메일 주소로 간단한 메일을 보내면 됩니다. 메일에는 다음의 내용을 담는 것이 좋습니다. '인터뷰 기회를 주셔서 감사합니다. 인터뷰를 하면서 회사와 포지션에 대해서 많은 것을 알게 되어 기뻤습니다. 이 회사에 꼭 입사하고 싶습니다. 입사를 하게 되면 저는 이러이러한 것들을 해보고 싶습니다. 다시 만나기를 희망합니다.' 만약 이메일이 어려운 상황이라면 간단한 문자도 좋습니다. 면접관의 연락처를 모른다면 헤드헌터나 인사부 담당자와 같은 중개인을 통해 전달을 부탁하는 것도 괜찮습니다.

그렇다면 감사 편지를 보내는 타이밍은 언제가 좋을까요? 정답은 없지만 인터뷰를 마친 당일에 보내는 것이 제일 무난합니다. 에빙하우스의 망각 곡선에 따르면 인간은 하루가 지나면 기억한 것의 70퍼센트를 잊어버립니다. 당신이 기억의 저편으로 사라지기 전에 강렬한 인상을 남길 수 있는 방법이 감사 편지입니다. 당락 여부를 알게 된 후 보내도 좋습니다. 합격이라면 감사의 마음을 전할 수 있고, 탈락이라면 뒤돌아 가는 사람의 아름다운 뒷모습을 각인시킬 수 있습니다. 만약 진행 중간에 포지션을 고사했다면 면접관에게 사과 메일을 보내는 것이 좋습니다. 모 비영리 단체의 임원 포지션에 지원했던 유 이사는 개인적인 이유로 진행을 고사하면서 면접관들에게 사과 메일을 보냈습니다. 그는 면접관들에게 인터뷰를 완주하지 못한 미안한 마음을 전하고 싶었고, 면접관들은 업계 주요 회사들의 대표들로 언제 어느 곳에서 마주칠지 모르는 사람들이기 때문이었지요.

　마지막으로 주의점도 알아볼까요? 감사 편지는 주로 규모가 작고 역동적인 조직에서 진가를 발휘합니다. 큰 회사의 경우에는 감사 편지를 보내는 후보자를 정해진 프로세스를 무시하고 편법을 쓰려는 사람으로 간주하기도 합니다. 그러니 회사의 분위기나 성숙도에 따라 활용 여부를 신중히 결정하는 것이 좋습니다.

　'작은 차이가 큰 차이를 만든다.' 보험 제국을 건설해 미국 50대 부자에 오른 억만장자 윌리엄 클레멘튼 스톤이 남긴 말입니다. 작은 차이는 미미하지만 그 미미한 차이가 결국 큰 차이를 만든다는 것입니다. 취업 현장에서 만나는 구직자들을 보고 있으면 그의 말에 절로 고개가 끄덕여집니다. 감사 편지를 보내는 것은 작은 차이지만 그것에는 구직자의 진지한 마음과 태도가 담겨 있습니다. 그리고 그 열정은 면접관에게 고스란히 전해집니다. 박 과장님, 큰 차이를 만들고 싶다면 작은 것에도 신경을 써야 합니다. 패자부활, 반전의 기술은 바로 '작은 것'에 있음을 명심하시고 빨리 움직이세요!

두 마리 토끼를 다 잡고 싶은
워킹맘입니다

일과 가정을 지키다 지친 워킹맘입니다. 정말 무슨 영화를 누리겠다고 이러고 사나 싶습니다. 매일매일 쫓기듯이 정신없이 사는 게 너무 힘듭니다. 육아도 일도 제대로 하는 게 하나도 없네요. 이러다 둘 다 놓치게 되는 건 아닐지……. 회사에서 책임은 점점 많아지고, 아이들이 커가면서 신경 쓸 부분도 많아지는데 체력이 달리네요. 왜 이러고 사나 싶다가도 월급이 들어오면 아이를 잘 키우려면 돈이 있어야지, 싶어 다시 쳇바퀴를 굴립니다. 여자는 정말 일과 가정 중 하나를 선택해야 하나요? 저는 어떤 선택을 해야 할까요?

힘겨운 워킹맘 신 과장

신 과장님, 많이 힘들지요? 저도 아이 둘을 낳고 직장생활을 계속했는데 정말 사는 게 엉망진창이었어요. 신 과장님처럼 힘들어

하는 워킹맘들이 정말 많아요. 현장에서 만나는 워킹맘들의 고민도 다르지 않습니다. 저는 이들을 '불타버린burn out 워킹맘'이라고 불러요. 이들은 자신의 커리어에 욕심이 많은 야심가들입니다. 이런 이유로 임신과 출산이라는 힘겨운 관문을 씩씩하게 통과한 후 직장생활을 이어가고 있어요. 하지만 현실과 이상 사이에서 하루하루 탈진해가고 있습니다. 이들이 불타버리지 않고 일과 가정, 그리고 자신을 지킬 수 있는 방법은 무엇일까요? 일과 가정이라는 두 마리 토끼를 꽉 잡아 토실토실하게 기르고 있는 워킹맘들의 발자취에서 힌트를 얻어 볼까요?

마 이사는 첫 아이를 가지면서 1년 동안 육아 휴직을 했습니다. 그녀는 어렵게 얻은 아이를 출산 때까지 잘 지키고(?) 싶었고 임신 기간을 제대로 즐기고 싶었습니다. 주변에서는 조직에서 불이익을 당하게 될 거라고 신중하게 결정하라고 말렸지만 그녀는 지금도 그 선택에 후회가 없습니다. 최상의 조건에서 최고의 태교를 했고 건강한 아이를 출산한 그녀는, 복귀한 다음 해에는 승진까지 했습니다. 그녀는 말합니다. "아이와 함께 하는 시간도 중요합니다. 또한 긴 직장 경력에 잠깐의 휴식도 필요합니다. 그러니 공백을 너무 겁내지 마세요. 기회는 항상 옵니다." 마 이사는 최근 둘째 아이를 출산했습니다. 이른 승진과 늦은 출산으로 출산휴가를 가는 최초의 임원이 되었지만 그녀는 여전히 조직의 전폭적인 신뢰를 받고 있습니다.

김 차장은 얼마 전 마케팅에서 영업으로 담당 업무를 전격 전환했습니다. 핵심 제품의 마케터로서 그녀는 살인적인 업무량과 불규칙한 출장 스케줄을 도무지 피할 수 없었습니다. 하지만 둘째 아이까지 갖게 되자 다른 선택을 고려해야만 했습니다. 경력의 후퇴가 있지 않을까 걱정했지만 출퇴근 시간이 자유롭고 상황 예측이 가능한 영업직이 일과 삶의 균형을 위해 훨씬 나은 선택이었습니다. 김 차장은 작은 아이가 두 돌 정도 되면 마케팅으로 복귀할 생각을 하고 있습니다. 자리가 없으면 어쩌나 불안한 마음도 들지만, 그녀는 내부에 기회가 없다면 외부에서 찾으면 된다고 생각합니다. 그녀는 이렇게 말합니다. "노력하고 준비하면 행운의 여신은 제 손을 들어 줄 거라고 믿어요. 그래서 미리 걱정하지 않기로 했어요."

마지막으로 권 부장의 이야기를 들어볼까요? 그녀는 정말 어렵게 딸 쌍둥이를 얻었습니다. 딸들은 여러 번의 아픔을 겪은 후 의학의 도움으로 얻은 보물들이지요. 결혼 전의 그녀는 일밖에 모르는 일벌레였습니다. 야근을 밥 먹듯 했고 주말에도 회사에 나와 있어야 마음이 편했습니다. 그렇게 일하니 성과 또한 좋았습니다. 그래서 그녀는 여러 개의 '최연소' 타이틀을 보유하는 기록을 갖게 되었습니다. 그녀는 조직에 충성심이 강한 직원이었고, 조직은 그녀의 능력과 성과에 충분한 보상을 했습니다. 그랬던 그녀가 요즘 이직을 고려하고 있습니다. 딸 쌍둥이를 돌보며 일할 수 있는,

일과 삶의 조화가 가능한 회사를 찾고 있는 것입니다. 그녀는 이렇게 말합니다. "저도 제가 이런 생각을 하게 될지 몰랐어요. 엄마가 되고 나니 예전에 중요하게 생각했던 가치들이 허물어져 버리더군요. 이제는 아이와 함께할 시간이 많은 직장에서 일하고 싶습니다."

신 과장님, 저는 신 과장님 같은 불타고 있는 워킹맘들에게 자신이 중요하게 생각하는 가치를 지킬 수 있는 곳으로 과감히 이동하라고 조언합니다. 마 이사처럼 일시적인 휴식기를 갖거나, 김 차장처럼 조직 내에서 담당 업무를 변경하거나, 권 부장처럼 이직을 고려해볼 수 있습니다. 공백기를 갖거나 이동을 하면 월급이 줄어들고 경력이 후퇴되는 것처럼 보입니다. 하지만 이건 일시적이에요. 약간의 후퇴나 멈춤 또한 긴 인생에 필요한 일이라 생각하길 바랍니다. 또한 당신은 아이와 함께 해야 행복한 '엄마'임을 인정하길 바랍니다.

신경정신의학자 루안 브리젠딘은 《여자의 뇌, 여자의 발견》에서 여자의 뇌는 임신과 출산의 과정을 통해 '엄마의 뇌'로 변화한다고 주장합니다. 엄마의 뇌는 자신의 욕구보다 아이의 욕구에 충실하도록 강요하여 엄마는 자기보다 아이를 더 소중한 존재로 인식하게 됩니다. 그래서 워킹맘은 아이와 함께 할 수 없는 직장이나 일에 회의를 느낍니다. 그리고 다른 선택을 고려하지요. 일부 조직에서 워킹맘의 이러한 선택을 무책임하다거나 근성이 부족하다 비난하지만 나는 그런 견해에 동의할 수 없습니다. 엄마에게 아이를 포기해야 하는 성공은 무의미합니다. 엄마는 그렇습니다.

신 과장님, 저는 불타고 있는 워킹맘들에게 불안한 저글링에서 지쳐가지 말고 사람들이 만들어 놓은 사다리에서 과감히 뛰어내리라고 말하고 싶습니다. 용기를 내기가 어렵지 일단 내려와 보면 그 사다리가 별것 아니라는 사실을 깨닫게 될 겁니다. 하지만 월급이라는 마약 때문에 자꾸만 선택이 미뤄진다면 리더십 전문가 마커스 버킹엄의 말대로 자신의 감정에 귀를 기울여 결정하기 바랍니다. 버킹엄은 감정은 삶이 보내는 신호로 그 신호에 귀를 기울인다면 올바른 선택을 할 수 있을 거라고 충고하거든요. 아이를 키우려면 물론 돈이 필요합니다. 하지만 아시다시피 돈이 모든 것을 해결해주지는 않지요. 그러니 자신의 감정에 먼저 귀를 기울이고, 자신과 아이가 모두 행복하기 위한 선택을 망설이지 마세요.

사치하는 것도 아닌데
매달 쪼들리는 직장인입니다

월급날만 되면 기운이 빠집니다. 애타게 기다리던 월급이 빛의 속도로 통장을 스쳐 사라지기 때문입니다. 월급은 도대체 어디로 가는 것일까요? 카드값이 빠지고 나면 휘청하네요. 카드 사용 명세서를 받을 때마다 깜짝 놀랍니다. 명품을 구입한 것도 아니고 점심 먹고 커피 한잔하고 인터넷 쇼핑몰에서 필요한 몇 가지를 샀을 뿐인데 사용 금액은 좀처럼 줄지 않습니다. 마치 제가 카드회사를 위해 일하는 것 같다니까요. 얼마 전에는 마이너스 통장까지 만들었습니다. 월급이 들어오기 일주일 전에는 통장에 돈의 씨가 말라버리니 어쩌겠어요. 발등에 불은 꺼야죠. 언제까지 이렇게 살아야 할까요? 연봉이 오르면 나아질까요?

월급날마다 우울한 노 대리

노 대리님, 2천만 직장인들이 아침 마다 피곤이 켜켜이 쌓인 몸을 초인적인 힘으로 일으켜 세워 눈썹을 휘날리며 회사로 뛰어가

게 만드는 힘은 어디서 나오는 것일까요? 네, 맞습니다. 단연코 월급이겠지요. 하지만 어찌된 일인지 이놈의 월급은 항상 부족합니다. 매년 악화되는 경제 환경은 월급을 제외한 모든 물가를 껑충 올려놓는 데다 직장인의 월급봉투는 유리 지갑이니 이리저리 떼이고 나면 실수령액은 훨씬 줄어듭니다. 이 시대 모든 직장인들은 자신의 월급이 쥐꼬리만 하다고 생각할 것입니다. 하지만 걱정 마세요. 쥐꼬리 월급으로도 풍족하게 사는 방법이 있습니다. 10년차 워킹맘 안 차장에게 그 노하우를 배워보시죠.

하나, 고독력孤獨力을 키워라

안 차장은 일주일에 한두 번 정도는 점심을 혼자 먹습니다. 퇴근 후 초등학교 1학년 막내의 숙제와 준비물을 챙겨야 하니 점심시간을 아껴 업무를 처리하고 되도록 정시에 퇴근합니다. 그럴 때면 안 차장은 12시를 넘겨 근처 모 회사의 구내식당을 찾습니다. 구내식당의 식권 가격은 단돈 4천 원. 아주 만족스럽지는 않지만 한 끼 식사를 해결하기에는 그리 나쁘지 않은 퀄리티입니다. 메뉴가 정해져 있어 무얼 먹을까 고민할 필요도 없고 혼자 조용히 식사할 수 있어 그 시간이 만족스럽습니다. 뿐만 아닙니다. 고정 지출인 점심값을 절약할 수 있습니다. 평균적으로 동료들과 함께한 점심 식대의 3분의 1로 식사가 가능하니까요. 사무실이 있는 강남에서 점심을 먹을라치면 보통 밥값만 7천 원 정도고 별로 좋아하지도 않는 5천 원짜리 커피까지 마셔야 할 때가 많으니까요. 많은 직장인들이 이리저리 휩쓸리며 불필요한 돈을 쓰곤 합니다. 혼자 있을 수 있는 힘, 고독력을 키우면 지출 통제가 가능합니다. 점심 시간에 식당을 둘러보면 의외로 혼자 밥을 먹는 직장인들이 많습니다. 그들 모두가 사회성이 부족하거나 따돌림을 당하는 직장인은 아닐 겁니다. 남의 눈을 의식해 휘둘려 다닐 필요는 없습니다.

둘, 대체물을 소비하라

그렇다고 안 차장이 무조건 안 쓰고 안 먹는 자린고비는 아닙니다. 그녀는 오히려 쇼핑과 문화생활을 풍요롭게 즐기는 사람입니다. 즐길 것을 즐기면서 절약까지 하는 그녀의 소비 노하우의 핵심은 무엇일까요? 바로 대체물을 소비하는 것입니다. 안 차장은 지난 주말, 남편과 최신 개봉 영화를 감상했습니다. 하지만 그녀가 지불한 비용은 기존 영화 관람표의 4분의 1 정도입니다. 토요일 아침 8시 20분에 시작하는 조조 영화를 보았기 때문입니다. 일반 시간에 영화를 보았다면 약 2만 원을 지불해야 하지만 조조 영화였고 남편의 통신사 VVIP 카드 할인을 받아 단돈 5천 원만 낸 것입니다. 그녀가 조조 영화를 즐기는 이유가 저렴한 가격 때문만은 아닙니다. 남편과 영화를 보려면 초등학생인 아이들만 집에 남겨 두어야 하는데 저녁보다는 아침 시간이 더 안심이 되기 때문입니다. 안 차장은 책 읽는 것도 좋아합니다. 그래서 책을 자주 구입하는 편이지요. 책값이 많이 들겠다구요? 그녀는 주로 중고 서점을 이용합니다. 그녀에게 중고 서점은 먼지가 뽀얗게 쌓이고 퀴퀴한

냄새가 나는 헌책방과 동일어가 아닙니다. 컴퓨터로 도서 검색이 가능할 뿐만 아니라 누군가 한 번 읽고 팔아버린 신간 도서도 저렴하게 구입할 수 있는, 실속파들이 자주 찾는 곳입니다. 얼마 전 그녀는 신간 베스트셀러 소설 두 권을 중고 서점에서 구입했습니다. 인터넷 서점에서 구입할 때보다 약 5천 원 정도 저렴한 가격이었습니다. 안 차장은 가족들 옷을 구입할 때면 백화점보다 아울렛을 이용합니다. 비록 이월상품이기는 하지만 제품의 질은 동일하니 유행에 민감하지 않은 부부의 출근 복장과 하루가 다르게 크는 아이들의 옷을 사기에는 안성맞춤입니다. 안 차장은 조조 영화, 중고 서점, 아울렛을 이용하면서 대체 소비를 통해 쥐꼬리 월급으로도 풍족한 소비 생활을 하고 있습니다.

셋, 간소하게 살아라

법정스님은 평생을 무소유 정신으로 사셨습니다. 스님의 무소유는 아무것도 가지지 않는 것이 아니라, 불필요한 것들로부터 자유로워지는 것을 의미합니다. 스님은 불일암이라는 작은 암자에 살면서 '다기도 한두 벌이면 될 텐데 서너 벌 있고, 읽을 책도 한두 권이면 족한데 오십여 권이 넘는다. 생활 도구도 이것저것 가진 것이 많다'고 반성하셨습니다. 안 차장은 법정스님의 간소한 삶을 실천하려고 노력합니다. 하나가 필요할 때는 하나만 삽니다. 그리고 필요가 다한 것들은 미련 없이 처분합니다. 입지 않는 옷은 지인에게 주거나 기부하고, 다 읽은 소장 가치가 없는 책들은 중고 서점에 내다 팝니다. 옷을 넣기 위해 옷장을 사고, 책을 진열하기 위해 책장을 사고, 옷장과 책장 때문에 집이 좁아 넓은 집으로 이사하는 것은 더 이상 그녀가 원하는 삶이 아닙니다. 쓰지 않는 물건을 과감히 처분하고 나니 집이 한결 넓어졌다고 그녀는 좋아합니다. 약간의 불편을 감수하는 삶 또한 나쁘지 않음을 압니다. 간소한 삶을 살고부터 자신이 부자라고 생각하게 되었다고 합니다.

노 대리님, 부자의 기준은 무엇이라고 생각하세요? 《우아하게 가난해지는 법》의 저자 알렉산더 폰 쇤부르크가 말하는 부자의 기준은 간단합니다. '가진 것보다 덜 원하면 부자, 가진 것보다 더 원하면 가난뱅이.' 독일의 유서 깊은 귀족 가문 출신의 언론인인 그는 독일 유력 언론사의 기자로 활약하며 장밋빛 미래를 꿈꾸다 언론계 구조조정으로 한순간 실업자로 전락하고 맙니다. 하지만 가난하지만 우아하게 산 자신의 경험을 책으로 펴내 베스트셀러 작가가 되었고 다시 부유해졌습니다. 다시 부자가 된 후 그의 삶은 얼마나 바뀌었을까요? 기자의 질문에 그는 이렇게 말합니다. "이전과 달라진 게 없다. 내 생활 규율은 이렇다. 소 100마리를 갖고 있다면 10마리를 가진 것처럼 살라. 만약 10마리를 갖고 있다면 1마리를 가진 것처럼 살라."

노 대리님, 안타깝지만 대리님의 월급은 좀처럼 오르지 않을 것입니다. 운이 억세게 좋아 억대 연봉을 받더라도 풍족하다는 느낌이 들지는 않을 것입니다. 그러니 소유보다는 욕망을 조절하는 방법을 고민해보라고 말씀드리고 싶네요. 원하는 것보다 더 많이 가지고 있다고 느낀다면 만족스러운 삶을 살 수 있습니다. 하지만 두메산골에 홀로 사는 것이 아니라면 한없이 욕망을 줄일 수는 없을 것입니다. 그럴 땐 대체 소비를 통해 욕망을 해소하고 혼자 있는 힘을 키우세요. 휩쓸리며 살지 마세요. 그러면 쥐꼬리 월급으로도 풍요롭게 살 수 있을 것입니다.

야근하다가
인생이 끝날 것 같아요

1년 반 넘게 계속되고 있는 야근과 주말 근무로 몸과 마음이 만신창이가 된 직장인입니다. 얼마 전에는 스트레스로 인한 역류성 식도염 진단까지 받았습니다. 저희 팀원들 모두 빨라야 9시, 늦으면 11시 넘어서 퇴근하고 주말에도 대부분 출근합니다. 경비절감을 위해 팀원을 8명에서 5명으로 줄였는데 일은 점점 늘어나고 있습니다. 모두들 마른 수건 짜듯 일하고 있는데 언제까지 버틸 수 있을지 모르겠네요. 저는 최근 팀장으로 승진하면서 새벽 1시에 퇴근하는 날이 많아지고 있습니다. 요즘은 아내와 아이들에게 미안한 마음이 듭니다. 남은 힘을 모아 버텨야 할까요?

번 아웃 직전의 배 팀장

배 팀장님의 고민을 듣고 있으니 눈시울이 붉어집니다. 사실 이직을 희망하는 직장인들의 상당수가 '이렇게 일하다간 죽을 것 같다' 또는 '이제 인간답게 살고 싶다'란 이야기를 털어놓곤 합니다. 이런 분들은 워커홀릭이 아닙니다. 일과 삶의 균형을 중요하게 생각하지만 어쩔 수 없이 이렇게 살고 있는 사람들이지요. 대한민국은 가정과 개인의 삶을 내팽개치고 회사에 올인하는 이들만이 조직에 남아 있을 수 있는 분위기니까요. 치열한 생존 경쟁에서 살아남아야 하는 사기업 직원들만 그럴까요? 직업 안정성이 높다는 공무원들도 상황은 다르지 않습니다. 2013년에는 4명의 사회복지 공무원이 열악한 조건에서 일하다 목숨을 스스로 끊었습니다. 최근 5년간 사망한 법원 공무원은 52명인데 그 중 30퍼센트인 16명은 과로와 스트레스로 인한 자살이었습니다. 정말 야근하다 인생 끝날 수 있는 상황입니다. 하지만 한 번뿐인 인생, 이렇게 마칠 수는 없습니다. 사랑하는 사람들을 외롭게 하고 소중한 건강을 잃고 조직의 한 부품으로 소모되고 마는 상황은 막아야 합니다. 배 팀장님에게 이런 조언을 전하고 싶습니다.

업무량이 물리적으로 많은 경우 제일 먼저 해야 할 일은 무엇일까요? 간단합니다. 업무량을 줄이는 것입니다. 자신의 일 중 일부를 다른 사람에게 떼어주세요. 인사팀 김 과장은 지난 석 달간 단 하루도 정시 퇴근을 한 날이 없습니다. 퇴근 후에도 집에서 외국에 있는 파트너와 전화 회의를 하고 주말에 이메일을 보내고 자료를 만들었습니다. 참다 못한 김 과장은 팀장에게 면담을 요청해 새로 채용할 임원 비서에게 일부 업무를 넘기게 해달라고 말했습니다. 핵심 업무인 채용, 급여, 보상, 조직 개발은 본인이 하고 회사 행사 기획이나 총무 업무 등은 임원 비서에게 넘기는 것이 그녀의 전략입니다. 이제 다음 달이면 임원 비서가 입사하니 그녀는 조금이나마 업무를 덜 수 있을 것입니다.

마케팅팀의 최 팀장은 효율적인 제품 홍보를 위해 홍보회사를 지정해 관련 업무를 맡기기로 했습니다. 그는 이제 야근에 주말 근무로도 부족했던 상황에서 숨통이 트이길 고대하고 있습니다. 일에 깔려 죽을 것 같다면 조직에 죽는 소리(?)를 해야 합니다. 조직은 묵묵히 일하는 사람은 묵묵히(!) 놔둡니다. 그러니 우는 아이에게 젖 준다는 말처럼 힘들면 힘들다고 하소연을 해야 합니다. 충원이 어렵다면 업무를 조정하거나 외부 업체에 아웃소싱을 하거나, 안 되면 파트타이머라도 쓸 수 있도록 적극적으로 요청해야 합니다.

하지만 조직은 이러한 요구를 순순히 다 들어주지 않습니다. 조직은 어려운 상황에서도 헌신적으로 일하고 무에서 유를 창조하는 직원을 칭송합니다. 또한 죽는 소리를 하는 직원이 한둘이 아니니 요구를 다 들어줄 수도 없습니다. 이때는 슬그머니 교활하게(!) 자기 실속을 차려야 합니다. 어차피 일을 줄이기 힘든 상황이라면 자신에게 영양가(?) 있는 일 위주로, 그리고 자신의 인사권을 쥐고 있는 사람을 만족시킬 수 있는 일 위주로 업무를 재편하는 것입니다. 영업지원팀 박 팀장의 경험을 들어볼까요?

박 팀장이 맡고 있는 업무는 영업사원들이 현장에서 업무를 효율적으로 할 수 있도록 지원하는 일입니다. 영업사원들에게 매출 목표를 나눠주고 실적을 취합하고 성과급을 지급하는 등의 핵심 업무도 있지만 쓸데없는 잡무도 많습니다. 영업 임원들이 하지 못하는 엑셀 작업을 대신 하는 일이나 해도 별 도움도 안 되는 직원 설문조사 같은 일이지요. 결국 박 팀장은 마음을 굳게 먹고 칼을 빼 들었습니다. 팀의 업무를 과감히 태스크 중심으로 나누고 부가 업무에 대해서는 협조가 어렵다는 입장을 전달했습니다. 처음에는 왜 이제야 이 생각을 했을까 싶을 정도로 만족스러웠습니다. 팀원들도 핵심 업무에 집중할 수 있다며 좋아했습니다. 하지만 시간이 갈수록 예전의 잡무가 하나 둘 넘어왔습니다. 그렇게 몇 개월을 버틴 박 팀장, 그는 이제 최후의 수단을 쓰기로 마음먹었습니다. 박 팀장은 지금까지 자신의 고객은 영업사원이라고 생각하고 일했습니다. 하지만 이렇게 일하다간 죽을 수도 있겠다는 위기감이 든 지금, 자신의 직속 상사를 최우선 고객으로 여기고 일하기로 전략을 수정한 것입니다. 그녀는 직속 상사의 요청에는 최단 시간 내에 대응하고 모든 업무는 그의 눈높이와 만족도를 기준으로 처리하기로 원칙을 바꾼 것입니다.

요한 페터 에커만은 만년에 접어든 괴테의 조력자이자 동료였습니다. 괴테가 세상을 떠나기 전 10년 동안 에커만은 괴테를 천 번 가량 만났고 그때마다 나눈 대화를 기록해두었다가 니체가 '현

존하는 독일 최고의 양서'라고 평한 《괴테와의 대화》를 펴냈습니다. 에커만은 괴테에게 많은 것을 배우고 익히며 성장했는데 특히 진로에 대해서는 세심한 조언을 들었습니다. 1824년 12월 3일, 에커만의 기록에는 이런 이야기가 등장합니다. 에커만은 영국의 한 잡지사로부터 매월 최신 독일 문학 작품들에 대한 서평을 보내달라는 청탁을 받았습니다. 그는 매우 유리한 조건이라 제안을 선뜻 받아들이고 싶다고 괴테에게 말했습니다. 괴테는 에커만에게 이렇게 조언했습니다.

> "그 제안에 거절 답장을 보내게. 그건 자네의 길이 아니야. 어쨌거나 정력의 분산을 조심하고 힘을 집중하게. 만일 내가 서른 살 이전에 이만큼 현명했더라면 정말 지금과는 달랐을 것이네. […] 자신의 힘을 유용한 것에 집중하게. 그리고 자네에게 아무런 결실을 가져다주지 않거나 자네에게 맞지 않는 모든 일은 그냥 지나가게 내버려두게나."

저는 괴테와 같은 대문호는 아니지만 커리어 컨설턴트로서 과중한 업무로 고생하는 배 팀장님에게 안타까운 마음을 담아 이런 조언을 전하고 싶습니다. 더 이상은 그렇게 할 수 없다고 말하세요. 쓸데없이 남의 눈치도 보지 마세요. 핵심 업무에 집중하여 전문성을 키우고 실속을 챙기세요. 이기적이라 욕먹어도 괜찮습니다. 모두를 만족시킬 수는 없습니다. 아니 그러다가는 아무도 만족시킬 수 없습니다. 이도 저도 어렵다면 이직하세요. 욕심을 줄이면 방법이 보입니다. 당신은 소중한 사람입니다. 당신을 지키세요.

그대에게
필요한 기술들

외모 때문에 탈락하다니
억울합니다

외모 때문에 이직에 실패한 회계사입니다. 저는 현재 회계법인에서 일하고 있습니다. 요즘 회계법인 상황도 좋지 않고 기업에서 경험을 쌓고 싶은 생각이 들어서 얼마 전 중견기업의 감사팀장 포지션으로 면접을 보았습니다. 바쁜 시간을 쪼개 준비하고 면접 장소에 들어섰습니다. 그런데 면접관들은 저에게 별로 관심이 없어 보이더군요. 10분 만에 면접이 끝나버리니 허무했습니다. 결과는 예상대로 탈락이었습니다. 헤드헌터 말로는 제가 너무 사람 좋게 생겨서 감사팀장으로 적합하지 않다는 의견이 있었다고 합니다. 어처구니가 없었습니다. 결국 경험과 전문성은 다 필요 없고 외모가 문제였다고요? 한숨만 나옵니다. 제가 앞으로 이직하려면 어떤 전략이 필요할까요? 성형수술이라도 해야 할까요?

외모가 고민인 홍 과장

홍 과장님, 많은 준비를 하셨는데 결과가 좋지 않아 아쉽네요. 과장님에게 해주고 싶은 이야기가 있습니다. 우선 미국의 미남 대

244

통령 이야기부터 시작해볼게요.

말콤 글래드웰이 쓴 《블링크》에는 미국 역사상 최악의 대통령 중 하나로 손꼽히는 워렌 G. 하딩에 대한 이야기가 나옵니다. 그는 소도시 신문 편집장 출신으로 정계에 입문해 상원의원을 거쳐 대통령이 되었지만 취임 2년 3개월 만에 돌연사했습니다. 사실 하딩은 그다지 지적인 인물은 아니었습니다. 그는 포커 게임과 골프, 술, 특히 여자 꼬시기를 즐겼고 정책 사안에 대해서 모호하고 양면적인 태도를 취하는 정치인으로 자주 언급되었습니다. 그런 인물이 어떻게 미국의 대통령이 되었을까요? 글래드웰은 그의 출중한 외모가 사람들의 정상적인 사고 작용을 마비시켰기 때문이라고 분석합니다.

이런 일은 구직 현장에서도 빈번하게 벌어집니다. 해외 근무 중인 백 이사의 경우를 말씀드릴게요. 그녀는 하루라도 빨리 한국으로 돌아오고 싶어 합니다. 원대한 포부와 기대를 품고 해외 근무를 선택했지만 외국에서 혼자 생활하는 것은 만만치 않았습니다. 아무리 외국어가 유창해도 현지인들과 효과적으로 소통하면서 일하는 건 다른 문제였으니까요. 맞지 않는 기후와 음식 때문에 하루하루 건강도 나빠졌습니다. 그녀는 최근 한국에 있는 외국계 기업의 임원 포지션에 지원해 4차 면접까지 통과했습니다. 해외에 거주하는 관계로 면접은 모두 전화로 진행되었습니다. 그녀의 경력은 이 포지션에 맞춘 듯했고 면접관들 모두 그녀의 전문성을 높이 샀습니다. 하지만 얼굴도 보지 않고 채용 결정을 할 수 없다는 사장의 주장에 따라 연봉 협상을 앞두고 그녀는 한국행 비행기를 탔습니다. 그런데 헉! 그녀는 면접 장소에 금발 염색 머리를 찰랑거리며 들어섰으니……. 결국 그녀는 해외 근무를 계속해야 했습니다. 궁색한 탈락 사유가 설왕설래했으나 핵심은 '회사를 대표하는 임원으로 적합하지 않다'는 것이었습니다. 면접관들은 금발을 본 순간 그녀가 아주 자유로운 영혼이라는 선입견에 사로잡혔고 좋은 평가를 받았던 모든 전화 면접은 물거품이 되었습니다.

고백하자면 저는 이 문제에 대해서 언급하는 것을 많이 망설였습니다. 저 역시 그리 출중한 외모를 가진 사람이 아니고 외모지상주의에 영합하고 싶은 마음은 추호도 없습니다. 외모로 평가 받는 더러운 세상이니 당신도 외모를 열심히 가꾸어 경쟁력을 갖추라고 충고하고 싶은 마음은 더더욱 없습니다. 하지만 안타깝게도 외모는 생각보다 취업에 심각한 영향을 미칩니다. 지원자의 외모로 첫인상이 각인될 수밖에 없고, 첫인상은 사람들의 선택에 결정적 요소로 작용하기 때문입니다. 그러니 현실을 직시할 필요는 있습니다. 앞서 설명한 하딩의 사례처럼 사람들은 겉모습에 현혹되어 잘못된 선택을 합니다. 고객들은 출중한 외모의 영업사원 말에 귀를 기울이고 프로페셔널해 보이는 전문가를 신뢰합니다. 그러니 자신의 역할에 맞는 옷차림과 외모 관리가 필요합니다.

얼마 전 모 회사로 이직한 손 팀장도 그랬습니다. 그녀에 대한 평판조회를 하던 중 있었던 일입니다. 그녀의 약점을 파악하기 위해 '후보자가 이것만 더 계발하면 더욱 훌륭한 인재가 될 수 있겠다 싶은 것이 있다면 알려주세요'라고 요청했습니다. 이러한 요청에 대해 사람들은 대부분 성격이나 태도를 이야기합니다. 너무 독선적이라 사람들과의 관계에 문제가 있다거나, 너무 사람이 좋아 자기 것을 잘 챙기지 못한다거나, 일을 열심히 하는 것도 좋지만 효율성에 대한 것을 조금 더 고민해보면 좋겠다는 이야기들입니다. 그런데 뜻밖에도 손 팀장은 옷차림과 외모에 대한 이야기가 나왔습니다. 그녀의 전 직장 상사는 팀장이란 팀의 얼굴이고 팀원들을 효율적으로 이끌기 위해서는 이에 걸맞은 외모와 차림새가 필요한데 후보자는 이에 대해서 큰 신경을 쓰지 않는 것이 아쉬웠다고 말했습니다.

어쩌면 이것은 단순한 겉모습의 문제가 아니라 가치관이나 철학과 같은 근본적인 문제일 수 있습니다. 또한 자리에 자신을 끼워 맞추는 것이 아니라 자신에게 맞는 자리를 찾아 가야 해결될 수 있는 문제일 수 있습니다. 공사 현장에서 일하는 건축가가 하이힐을 즐겨 신는다면, 화장품회사 마케터가 피부 트러블을 방치한다면, 컨설팅회사의 컨설턴트가 자유분방한 옷차림으로 고객 미팅에 참석한다면 어떤 사태가 발생할까요? 공사 현장의 인부들은 혀를 차며 그 사람을 따르지 않을 것이고, 화장품의 품질은 의

심받을 것이며, 컨설턴트는 전문성에 타격을 입을 수 있습니다. 그러니 하이힐을 즐겨 신는다면 하이힐을 신을 수 있는 곳에서 일해야 합니다. 보수적인 옷차림이 필요한 곳이라면 기꺼이 보수적으로 입을 수 있는 사람이 가야 합니다. 그러니 앞에서 언급한 백 이사는 그 회사에 탈락하기가 천만다행이고 손 팀장도 다른 회사로 이직하는 것이 나은 선택입니다. 자신에게 맞는 자리는 따로 있습니다.

홍 과장님, 선풍적인 인기를 끌었던 드라마 〈별에서 온 그대〉 아시죠? 주인공 도민준은 4백 년 전에 지구에 온 외계인입니다. 조선시대부터 이 땅에 살아온 그는 시대에 맞춰 외모를 바꾸며 살아왔습니다. 조선시대에는 상투를 틀고 한복을 입었고 70년대에는 나팔바지를 입고 장발을 했고, 2014년에는 댄디한 옷차림과 헤어스타일로 위장했습니다. 또한 자신의 정체를 감추기 위해서 공간 이동이나 시간 정지 등의 초능력을 남용하지 않았습니다.

홍 과장님도 지구인들 앞에서 위장에 필요한 외계인(?)일 수 있습니다. 그렇다면 두 가지 중 하나를 택해야 하겠지요. 지구인들 속으로 들어가 비슷한 모습으로 어울려 살거나, 자신의 별로 돌아가거나. 사랑하는 연인 때문에 지구에서 살아야 하는데 위장이 어렵다면 장 변호사와 같은 믿을 만한 친구를 찾아보세요. 미적 감각이 뛰어난 친구 하나를 구워삶아 면접을 가기 전에 조언을 요청하세요. 진정한 프로로 보일 수 있도록 헤어스타일과 의상에 신경을 쓰는 것이 좋습니다.

이렇게까지 했어도 한계가 느껴진다면? 저는 과장님 그대로의 모습을 받아줄 수 있는 조직과 포지션을 찾으라고 조언하고 싶네요. 카리스마 있는 외모가 아니라면 감사보다는 일반 재무회계 포지션에 지원하는 것이 나을 것 같아요. 취업 전략을 정교하게 짜는 것도 합격의 비결이니까요. 기회는 다시 옵니다.

청출어람,
스승을 넘어서

나에게는 평생 그리워할 스승이 한 분 있습니다. 삶이 힘겨울 때마다 그의 책을 읽으며 흠모하다가 인생의 가장 어두운 시절에, 용기를 내어 그를 찾아갔습니다. 그는 나무 같은 사람이었습니다. 그늘을 만들고 열매를 키워 사람들이 자신을 찾아오게 하는 것이 자신에게 어울린다고 말하곤 했습니다. 스승은 이리 적어두었습니다.

'문득 묻습니다. 나는 무슨 나무일까? 예쁜 가을 사과를 보며 한 때 나는 사과나무가 되고 싶었습니다. 그러나 과수원에 있는 나무를 보는 순간 싫어졌지요. 작은 키에 낮게 드리도록 가지를 벌려

잔뜩 변형된 모습이 싫었기 때문이었습니다. 붉은 낙락장송을 보고 그렇게 되고 싶었습니다. 그러나 너무 외로워 보여 나와 맞지 않는다고 생각했습니다. 나는 그렇게 고고한 사람은 아니니까요.

그저 한 그루의 벚나무였으면 좋겠다고 생각했습니다. 꽃으로 온천지의 봄을 화사하게 알리다가 버찌를 잔뜩 달고 봄을 보냅니다. 여름 내내 푸르게 서 있더니 가을이 시작되면 벌써 단풍이 듭니다. 삽시간에 단풍이 들더니 삭풍이 불면 와르르 떨어져 가장 빨리 겨울을 맞을 준비를 합니다. 그리고 다음 해 봄에 다시 화려한 존재로 피어납니다. 봄이 되면 나는 얼마나 설레는 마음으로 벚꽃 피는 일주일을 기다렸던지요. 나는 내 삶이 벚나무이기를 바랍니다.'

자신이 한 그루의 벚나무이길 바라던 스승은 벚꽃이 만발하던 4월 소천하셨습니다. 그래서 나는 벚꽃이 필 즈음이면 그가 더욱 그립습니다. 그는 나에게 원하는 것을 얻을 것이라 예언처럼 말하곤 했습니다. 스승은 이리 당부했습니다. '사람은 무한한 것이다. 필멸의 존재이나 그 내면은 참으로 넓고 깊어 무한한 탐험이 가능하다. 자신에게 감탄하고 자신에게 놀라거라. 너는 그리 될 것이다.' 스승은 떠났지만 나는 그의 말대로 나에게 감탄하고 놀라는 삶을 살아가려 노력하고 있습니다. 그리고 내가 원하는 삶으로 조금씩 다가가고 있다고 생각합니다.

누군가를 마음으로 존경한다는 것은 어떤 의미일까요? 그것은 아마도 '그라면 어떻게 했을까'라는 질문을 품는 것이라는 생각이 듭니다. 나는 삶의 갈림길마다 스승이라면 어떻게 했을까 생각해 봅니다. 나는 스승처럼 살고 싶습니다. 좋은 글을 쓰고 좋은 사람들을 만나 일을 놀이처럼 하고, 삶을 축제처럼 즐기며 살고 싶습니다. 그리하여 언젠가는 스승을 넘어서는 제자가 되고 싶습니다. 스승보다 더 좋은 스승이 되어 나보다 더 나은 제자를 여럿 키우고 싶습니다. 그것이 그의 제자로 그를 빛내는 길이라 믿기 때문입니다.

만약 그대가 인생의 가장 어두운 시간을 보내고 있다면 스승을 찾아보길 바랍니다. 제자가 준비가 되면 스승이 나타난다 했으니 그대도 나처럼 잊지 못할 스승을 만날 수도 있을 겁니다. 행운을 빕니다.

회사에서
평생 커리어를
만들어라

일에 승부를 걸어라

이 책을 쓰면서 주변 사람들에게 '직장인이 절대 놓쳐서는 안 될 한 가지'란 주제로 의견을 물었습니다. 다양한 이슈가 제기되었지만 빠지지 않는 한 가지가 있었습니다. 바로 '일에 승부를 걸어라'는 것이었습니다. 저 역시 동의합니다. 직장인으로 살면서 일에 충실하지 않은 사람이 있을까 싶지만 일에 진정한 승부를 거는 직장인을 만나기는 쉽지 않습니다. 대부분의 사람들은 핑계를 댑니다. 회사가 자신을 존중하지 않아서, 연봉이 적어서, 차별 대우를 받아서, 비전이 없어서 일에 집중할 수 없다고 말합니다.

윤미 씨도 제게 비슷한 이야기를 털어놓았습니다. 자신은 비즈니스의 최전선에서 고객과 소통하는 업무를 하고 있지만 회사가 인정해주지 않아 이직을 고민하고 있다고 했습니다. 저는 그녀에게 물었습니다. '당신은 일에 푹 빠져 자신을 활활 불태우고 있다고 자부하는가? 감탄을 자아낼 만한 탁월한 실력을 가지고 있는가? 당신의 일을 전문성이 뛰어난 일이라 말할 수 있는가? 어느

조직에 가든 생존할 수 있는 경쟁력을 보유하고 있는가?'

이 책을 읽은 당신에게도 똑같이 묻고 싶습니다. 일에 승부를 거세요. 실력은 당신을 배신하지 않을 것입니다. 대체 불가능한 인재가 된다면 회사도 당신을 무시하지 못할 것입니다. 자신의 경쟁력을 높이고 전문성을 키우는 데 최대의 노력을 기울이세요.

또 한 가지, 일을 통해 남겨 할 것은 연봉이나 직위, 또는 커리어가 아닙니다. 바로 '사람'입니다. 현장에서 만난 직장인들 중에는 연봉이나 직위에 집착해 자신의 커리어를 망치는, 끓는 물속의 개구리도 많지만 자신의 커리어를 위해서 주변의 사람들을 희생시키는, 스크루지 영감도 많습니다. 리더십 전문가들은 자신의 장례식을 상상하면 어떤 삶을 살아야 하는지 알 수 있다고 말합니다. 마찬가지로 언젠가 조직을 떠나는 날을 상상하면 무엇이 중요한지 알 수 있습니다. 장사가 이윤이 아닌 사람을 남기는 것이듯, 직장생활을 통해 남겨야 할 것 역시 커리어가 아니라 사람임을 잊지 마세요.

이 책은 많은 분들의 도움으로 만들어졌습니다. 현장에서 만난 직장인들은 이 책이 이 시대 직장인들에게 꼭 필요하다는 확신을 심어주었습니다. 메일과 블로그를 통해 소통했던 직장인들은 이 책에 풍성함을 더해주었습니다. 탁월한 실력, 아찔한 미모, 환상의 팀워크로 무장한 이현승 이사와 김나경 수석 컨설턴트 이하 커리어케어 헬스케어팀원들 덕분에 이 책의 전문성은 더욱 깊어졌습니다. 바쁜 와중에도 원고를 검토해준 구본형 변화경영연구소의 오병곤, 유인창, 이승호, 박중환 선배는 귀한 조언으로 책의 완성도를 높여 주었습니다. 푸른숲 출판사 백도라지 대리님은 흙 속의 진주였던 제 원고를 장인정신(!)을 발휘하여 고품격 진주 목걸이로 만들어주었습니다. 언제나 내 편인 남편 구정환 부장님과 소중한 보물 나현, 나영은 제가 용기를 잃지 않도록 응원을 아끼지 않았습니다. 하늘의 별이 되신 구본형 스승님은 좌절의 순간마다 제 마음속 모닥불의 불꽃을 되살려주었습니다.

저는 이 책의 운명을 알지 못합니다. 운이 좋으면 많은 독자들을 만날 수도 있겠지요. 하지만 그렇지 않더라도 괜찮습니다. 저는 이 책을 쓰면서 그 누구보다 행복하고 충만했습니다. 그것으로 만족합니다. 이 책이 제 품을 떠나 망망대해를 항해하며 이 땅의 직장인들을 도울 수 있기를 바라며 긴 글을 마칩니다.

회사에서
평생
커리어를
만들어라

첫판 1쇄 펴낸날 2015년 4월 24일

지은이 유재경
발행인 김혜경
편집인 김수진
책임편집 백도라지 편집기획 이은정 김교석 이다희 조한나 윤진아
디자인 김은영 정은화 엄세희
경영지원국 안정숙
마케팅 문창운 노현규
회계 임옥희 양여진 신미진

펴낸곳 (주)도서출판 푸른숲
출판등록 2002년 7월 5일 제 406-2003-032호
주소 경기도 파주시 회동길 57-9번지, 우편번호 413-120
전화 031)955-1400(마케팅부), 031)955-1410(편집부)
팩스 031)955-1406(마케팅부), 031)955-1424(편집부)
www.prunsoop.co.kr

ⓒ유재경, 2015
ISBN 979-11-5675-539-5(03320)

이 도서의 국립중앙도서관 출판시도서목록(CIP)은 e-CIP 홈페이지(http://www.nl.go.kr/ecip)와
국가자료공동목록시스템(http://www.nl.go.kr/kolisnet)에서 이용하실 수 있습니다. (CIP 2015009781)